第3版

実証的教育研究の技法

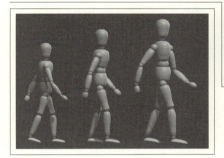

西川 純 著

これでできる教育研究

大学教育出版

はじめに

　筆者は昭和57年に筑波大学の生物学を専門とする学部を卒業し、同大学の教育研究科に進学した。同大学の教育学研究科が研究者養成を主とする5年制大学院に対して、教育研究科は教員養成を主とした修士のみの2年制大学院である。現在、すべての国立大学教育系学部に設置されている教育修士課程の、初期に設置された大学院の一つである。理系から移った筆者にとってカルチャーショックの連続であった。つまらないことでは、「レポート」とは言わず「レジュメ」と呼ぶなどもその一つである。しかし、最大のショックは、最初に教育系の論文を読んだ時に感じた。それらの論文は、筆者には「かもしれない」レベルの連続に見えた。また、「かもしれない」ことを前提として、別の「かもしれない」を積み上げているように見えた。しかし、あれから15年以上たった現在、あれほど別に見えた理系研究と教育研究が、実は同じもののように見えるようになった。筆者は、10年以上、現場教師の修士論文作成に携わることによって、ある意味で教育研究を客観的に観察する機会を得ることができた。この経験を通して確信を感じている。この確信を伝えるのが本書のテーマである。そのテーマとは、「研究とはある人が感じている（信じている）ものを、他の人（より多くの人）に感じて（信じて）もらうこと」である。その点において、すべての研究は一致していると考えている。ただ、分かってもらうためにはそれなりの技術が必要である。

　筆者が勤務する上越教育大学には、全国から多数の現職教員が大学院生として入学する。筆者も、多くの現職派遣院生の修士論文作成に携わった。その修士論文作成において、多くの現職派遣院生はほぼ同じところでつまずいている。それらは教育研究に関する類書において書かれることのなかった部分である。現職院生の控え室にある彼らの机の上の本を見ると、教育研究法に関する多様な本が見られる。最も多いのは教育統計に関するさまざまな本である。もちろんそのような本は重要である。しかし、現職院生が最もつま

ずくのは、「研究の取っかかり」「データの定義」「具体的な論文の記述」の3つである。

「研究の取っかかり」とは、漠然とした研究テーマを具体的な計画を伴った研究にするまでの部分である。すなわち、「一人ひとりをいかす指導」という一般的なテーマを、学術的にも認められる実証的なテーマにする部分である。

「データの定義」とは、教師が普通に使っている言葉を測定可能にするため、それらを厳密に定義する段階である。歴史の古い研究分野の場合、測定するものの多くは他者がすでに定義ずみの場合が多い。しかし、教育、特に教科教育においては最も基本的な概念を自分自身が定義しなければならない。例えば、「楽しい」「分かる」のように教育において普通に使われる言葉を、いざ定義するとなると、そのことがきわめて困難であることに気づくだろう。しかし、それを定義しない限りはデータを取ることができない。

「具体的な論文の記述」とは、論文特有の言い回し、書き方等を指す。論文の書き方には、平常の文章や授業実践記録とは異なった一定の記述方法がある。例えば、「わかった」とは書かず「明らかになった」と書くなど、実に多くの約束事がある。しかし、平常の小学校、中学校、高等学校、さらに大学においても組織的に教えられることは稀である。

残念ながら、類書においては以上3点が扱われることは少なかった。そのため、本学における院生が常に同じ点につまずき、筆者は毎年同じことを指導しなければならない。そこで本書では、以上3点を中心に、類書において書かれることの少なかった部分を書いた。

本書を読んでいただく前に、一つ言い訳をしたい。本書において、「しなければならない」等と書いてあるとしても、筆者自身がそれを常に満たしているかと言えば自信はない。というより、筆者自身が犯した（また今後も犯すであろう）失敗を赤裸々に例示したと考えていただきたい。教師とは自分のできなかったことを、人にやれという職業である（それによって進歩もおこる）。その点をご容赦いただきたい。また、筆者の専門が理科教育学であるため、例は理科関係を利用している。しかし、理科でのみ成り立つような

事例は一つもない。読者各位は、事例を国語、算数・数学、社会等々と読み替えて読んでいただきたい。

なお、本書の研究方法によって教師と学習者とのギャップを分析した内容を、『理科だから出来る本当の「言語活動」』(東洋館出版社)として出版した。題材としては、理科を用いたが、むしろ、学校において理科が分からなかった理科を専門としない方々の方が、共感的に読める。理科嫌いの自分の経験を思い出しながら、他教科の内容に読み替えられるのではないかと希望している。併せて読んでいただければ幸いである。

なお、本書をまとめるに際して多くの方々に感謝しなければならない。まず、本書は筆者の研究室における研究活動として形成されたものである。引用した諸氏のみならず、その他の院生・学生・OB各位に感謝する。また、研究に関わる筆者の愚痴を辛抱強く聞いていただき、適切なアドバイスをいただいた多くの現場教師、大学研究者に感謝するものである。

最後に、筆者よりお願いがある。筆者は本を読みながら、その本の欄外に書き込みをする。読みながら、「自分にも似たような、こんなことがあったな」「こんなことに応用できるのでは」等々を書き込む。読者のみなさんにも、ぜひ、そのような書き込みをしていただきたい。このような書き込みを加えることによって、その本は著者の本ではなく、読者一人ひとりの本に成長すると考えている。そのような、書き込みに関して筆者にお教え願えれば幸いである。その他、本書に対する意見や有益な情報は、電子メール(jun@iamjun.com)までお寄せください。それを基に、よりいっそう研究を深めたいと希望している。ただし、本書の内容を越える質問に関してはご容赦いただきたい。

筆者

第3版 実証的教育研究の技法

目 次

はじめに　*1*

第1部　計　画 …………………………………………………… *9*
第1章　研究のテーマ ………………………………………… *10*
　第1節　テーマの発見　*10*
　第2節　先行研究を見ることの必要性　*12*
　第3節　先行研究の見つけ方　*14*
　第4節　先行研究の穴とその穴ができた原因　*22*
第2章　調査内容・方法 ……………………………………… *24*
　第1節　方法の選択　*24*
　第2節　質問紙法　*27*
　第3節　行動分析　*32*
　第4節　誤った調査項目　*39*
第3章　調査対象 ……………………………………………… *41*
　第1節　正確と精密　*41*
　第2節　正確な調査を行う方法　*42*
　第3節　精密な調査を行う方法　*45*
第4章　計画の注意 …………………………………………… *48*

第2部　分　析 …………………………………………………… *51*
第1章　統計分析における注意 ……………………………… *52*
第2章　尺　度 ………………………………………………… *55*
第3章　カテゴリー化 ………………………………………… *60*
第4章　危険率・有意水準 …………………………………… *66*
第5章　検　定 ………………………………………………… *71*
　第1節　カイ二乗検定　*71*
　第2節　直接確率計算　*75*
第6章　相　関 ………………………………………………… *79*

第7章	対応のあるデータ、ないデータ …………………… 84
第8章	文献の紹介 ……………………………………… 88
第9章	質的研究に関して ……………………………… 90
第10章	それでも質的研究をやりたい人のために ………… 94

第3部　論文の記述 ……………………………………… 103
第1章　目　的 …………………………………………… 105
第2章　方　法 …………………………………………… 108
第3章　結　果 …………………………………………… 109
第4章　結　論 …………………………………………… 119
第5章　レファレンス ……………………………………… 121
第6章　口頭発表に関して ……………………………… 126
第7章　全体的な記述上の注意 ………………………… 133
　第1節　敬語の使い方　*133*
　第2節　口語を使わない　*134*
　第3節　表記を統一する　*135*
　第4節　複雑な文章を作らない　*136*
　第5節　言い切る努力　*137*
　第6節　読んでいただくという気持ち　*138*

補遺1　指導教官とのつきあい方　*140*
補遺2　大学院で教育研究を行いたい人（特に現職教員）のためのメモ）
　　　　　　　　　　　　　　　　　　　　　　　　　　　　　148

文　献　*155*

第 1 部

計 画

第 1 章　研究のテーマ

　第 1 節　テーマの発見

　研究の出発点は、何を知りたいか（もしくは何を知らねばならないか）というテーマの発見である。例えば、「一人ひとりの学習者をいかす学習指導に関する研究」というテーマを考えてみよう。このような研究テーマからは、本気で良い授業をしたいという研究の熱意を感じる。しかし、「それではどうやっていかすのですか」という質問に対して明確に答えることはきわめて難しい。もし、明確に答えられないならば、「一人ひとりの学習者をいかす学習指導に関する研究」は、「何かしたい」以上の何らの情報を持っていないことになる。

　一部の人は、教育現象を何らかの理論に基づき分析し、高等数学に基づく統計分析を行うと、自分自身が気づきもしなかった大宇宙の真理が現れると誤解している。しかし、本書において繰り返し繰り返し述べるが、教育における実証的研究とは、自分が語りたいことを、一定の手法に従って語ることである。どのような手法を用いても、自分が実践を通して直感的に感じる以上の結果は出ない。実証的研究の手法とは、自分が直感的に感じるものを、他の人に感じさせるための手法である。

　教師は教育実践を通して「ヘー面白いな」「何でこれがわからない（わかる）んだろう」「何でこんなことをやる（言う）んだろう」というようなことを感じる場面がある。この「ヘー」「何で」という疑問こそが、良いテーマとなる。なぜならば、自身の経験に基づくもので、借り物のテーマではない。また、その現象が表出する具体的な場面を明らかにできるので、具体的な研究計画の立案も可能である。

　「ヘー」「何で」という疑問は、一見、きわめて陳腐に見えることがある。

しかし、その背景には普遍的な理論が隠されている。例えば、筆者が定時制高校に勤務していた時のことである。物理の問題を、彼らがよく知っている車の場面で置き換え説明した。身近なものに置き換えるという説明法は、多くの教師の知るところである。しかし、なぜ、身近なものに置き換えるとわかりやすくなるのかは必ずしも簡単ではない。単純に考えれば、興味・関心に関係するものと考えがちである。しかし、実際には数値の認知や、意味や記憶と関係する。この点を研究することによって、どのような例をあげればわかりやすくなるのかという教科指導一般に関わる研究となる。

このような例は枚挙にいとまがないであろう。しかし、その例の一つひとつが、現在の教科教育の持つ問題を解決する鍵となる。教えている教師自身が何気なく見過ごしている「へー」こそが、本当に優れた研究のテーマとなる。

研究テーマが他から与えられることも多い。例えば、「一人ひとりの学習者をいかす学習指導に関する研究」というテーマが与えられた場合を考えよう。この場合、自分自身の経験を思い出しながら、「一人ひとりの学習者がいきている！」と感じた場面（逆に「一人ひとりの学習者がいきていない！」と感じた場面）を思い出す。そして、そう感じたのは学習者のどんな様子かを思いつくまま書き出す。実は、それらは第2部第3章で述べる方法によってカテゴリー化され、評価項目となる。また、なぜ、その時に「一人ひとりの学習者がいきていた」（逆に「一人ひとりの学習者がいきていなかった」）かを、思いつくまま書き出す。それらが具体的な指導方略となる。複数でこのような評価項目、指導方略を出し合い、共通点と相違点を明確にする。そして、集約できる部分と、独立して並列に並べた方が適切なテーマに整理する。この作業によって、「一人ひとりの学習者をいかす学習指導に関する研究」が生き生きしたものとなる。

第2節　先行研究を見ることの必要性

　現場の研究論文と大学における研究論文の簡単な見分け方は、その論文の末尾を見ることである。大学の研究論文には参考文献、引用文献、文献の一覧等（以下ではレファレンスと呼ぶ）がある。その中には、その論文を書いた著者と無関係な人の先行研究が紹介されている。一方、現場の研究論文にはレファレンスを含むことが少ない。また、レファレンスがあっても、関係者の先行研究のみの場合が多い。また、関係者以外の論文が含まれていたとしても、同一地区の教育関係者に限られる場合が多い。この違いは単に表現上の違いではなく、研究を蓄積と考えるか否かに関わる。

　現場の研究は、研究の蓄積が生まれないという欠点がある。この例を「浮き草の教材化」を例にしたい。浮き草とは、淡水表面に自生する繁殖力の強い植物である。植物は日光、栄養、温度等の環境によって、成長の速度が違う。しかし、植物の成長を、簡便かつ定量的に測るのはかなり困難である。浮き草は成長すると、株が分かれることから、その株数を測ることによって、簡便にかつ定量的に植物成長を測ることができる。この他にも多様に利用できる、教材として優れた植物である。生物教育の文献を調べていくと、この浮き草の教材は20年程度の周期で、取り上げられる文献数に変化がある。このようなことが起こるのは、だいたい以下のような繰り返しがあるためであると思われる。

① ある人が、浮き草が教材化できることに気づく。
② 手近な教育書にも書かれていないし、同じ学校の先輩教師も、そのような教材を知らない。
③ 時間をやりくりし、教材化に必要な実験を行う。
④ 地元の研究会で発表し、いくつかの教育書に取り上げられる。
⑤ 研究会や教育書に触発され、他の教師も浮き草を授業で利用するようになる。

⑥他の教師が浮き草教材を利用しているうちに、他の利用法に気づき、研究会や教育書に発表する。この時期が浮き草の教材化研究のピークである。
⑦浮き草の教材化の種が尽きると共に、研究会や教育書で取り上げられることが少なくなる。現場も食傷気味なので、過去の教材化の研究成果を再録することがなくなる。この時点までが5年から10年程度である。
⑧さらに10年たつと、浮き草の教材化を知っている教師は退職するか、管理職になり、浮き草の教材化を知る教師が少なくなる。
⑨以下、最初に戻る。

　本来は、②の部分は「手近な教育書にも書かれていないし、同じ学校の先輩教師も、そのような教材を知らない。しかし、過去の文献を調べたところ、浮き草に関してかなりの蓄積があることがわかった。さらに調べると、その教材は○○（例えば成長）関係に集中しているが、××関係の教材化は未だ試みられていない。しかし、浮き草は△△の特徴を持つ生物であるため、××関係の優れた教材となる可能性が高い」となるべきである。
　人自体は入れ替わるが、文献は残る。仮に、適切に先行研究を見いだすことができれば、教材開発に費やす労力を減らすことができる。さらに、その労力を別な教材開発に向けることが可能となる。
　現場の環境の中で、先行研究を見いだすということはかなり困難であることは事実である。後に述べるように、教育分野における過去の文献の整理は不十分である。また、現状の学校現場や教育センターにおける文献環境は不十分で、現状は致し方ない部分も多い。しかし、一気に改善することはできなくとも、今までよりも一歩でも広い範囲の知見から研究しようとする努力は、教育研究改善の具体的な一歩である。

第3節　先行研究の見つけ方

（1）キーワードの決定

　自分と関係する研究を見つけるため、多くの文献を熟読して判断しなければならないならば、時間がいくらあっても足りない。したがって、その文献のタイトルや要約から、すばやく判断しなければならない。最近では、効率よく研究を探すために、個々の文献に検索のためにキーワードをつけることが多い。

　キーワードは対象、内容、方法に着目する。例えば、その研究が小学生を対象とするならば、「初等教育」「小学校」「児童」などがキーワードとなる。研究が「水の流れ」という単元に関する場合、当然その単元名が、内容に関するキーワードとなる。アンケートを用いた研究の場合、「アンケート」「実態調査」などが方法のキーワードとなる。さらに、このような対象、内容、方法でおさえきれず、かつ、重要だと思われるものもキーワードとなる。

　実は、以上のようなキーワードを連ねたものが、その研究のタイトル（題名）となる。欧米では次に述べるデータベースが発達しているため、タイトルやキーワードの選定に十分に注意する。機械検索によって検索する場合は、まず、コンピュータに特定のキーワードを打ち込む。コンピュータはそのキーワードを含む文献を探しだし、それを画面上に表示する。理科教育関係の論文の場合「理科」というキーワードを含む可能性が高い。そのため、「理科」で検索した場合、膨大な論文が画面に出てしまう。結果として、求める文献がそれらの中に埋もれてしまうことになる。また、「愛する心」で検索した場合、恋愛に関する論文ばかりが画面に出る可能性が高い。そのため、「一人ひとりをいかす理科指導」「自然を愛する心を育成する単元構成」等のタイトルの場合、他の人から適切に検索される可能性は低い。結果として、このような論文は、本人と、その雑誌の校正者しか読まない論文（1.5人論文と呼ばれる）となる可能性は大きい。

(2) データベース・書誌

　先行研究を探すのは、最終的には効率の悪い方法に頼らざるを得ない。しかし、最初の段階では、関連する研究ではどんなことが問題となっているかを、ざっと目を通す必要がある。このような場合、効率よく先行研究を探す方法をとる。具体的には、コンピュータ上にデータ整理されたデータベースと、書籍の形態をとっている書誌を利用する方法である。

　データベースとは、コンピュータ上に関連する情報を整理した情報群である。関連すると思われるキーワード（例えば「小学校」「観察」等の言葉）を入力すると、それに関連する先行研究を検索し画面に表示する。欧米の教育関連文献は組織的に整理され、CIJE というデータベースとして利用できる。筆者は、心理学を参考にすることが多いので、PA というデータベースも利用する。

　一方、和文に関しては、先の CIJE、PA に比べるとないに等しい状態である。CIJE、PA は組織的にデータ整理、データ入力を行っているが、我が国の場合、個人的なボランティアに近いのが現状である。

　しかし、この種のサービスは日進月歩である、インターネット上を検索することによって、自分自身にピッタリのデータベースを探すことができる可能性がある。

　データベースは、コンピュータによってデータ整理・検索が行われるのできわめて効率よく文献を探すことができる。しかし、一方、その利用法に関しては、それなりの基礎知識が必要である。その点、書籍の形態をしている書誌は、使いやすい検索方法である。

　書誌とは、それぞれのキーワード別に文献情報（「発行年」「筆者」「題目」「掲載雑誌」等）が記述されている本である。教科教育に関係する文献としては、日本教育大学協会研究促進委員会の発行する「教科教育学に関する研究総目録」、国立教育研究所の発行する「教育研究論文索引」などが代表的である。また、日本児童研究所の発行する「児童心理学の進歩」は、本来心理学関係の書誌ではあるが、教科教育に関連する研究も整理されている。これらの書誌は大きな図書館にある。詳しくは司書の人に聞いてほしい。

仮に、「小学校低学年における観察技能の学年発達の実態調査」を計画し、それに関する先行研究を探す場合を考えてみよう。この場合、キーワードは「小学校低学年」「観察能力」「学年発達」「実態調査」となる。これらを含む研究を検索することになるが、上記4種のキーワードをより多く含む研究であるほど、より関連の深い研究である。すなわち、「観察能力」というキーワードのみを含む論文より、「観察能力」と「学年発達」の二つのキーワードを含む論文の方が関連が深い。

　しかし、教科教育は扱う範囲の広さに比べて歴史も浅く、その研究実績も数多くはない。したがって全キーワードを含む研究はない可能性が高い。しかし、仮に4種のすべてを含む先行研究があるならば、「小学校低学年における観察能力の学年発達の実態調査」という研究を、新たに行う必要はない。その論文を読めばすむことである。したがって、ピッタリの先行研究がないことは、これからやろうとする研究にオリジナリティ（すなわち、自分が最初に手がけている研究であり、独創的である）が存在することを意味することである。したがって、喜ぶべきことでもある。

　稀ではあるが、ピッタリした先行研究が存在するならば、その研究を熟読しなければならない。もし、その結果によって問題が解決するならば、先に述べたように新たに研究を行う必要はない。しかし、その結果に不満足であるならば、何が不満足であるのか、またそのような不満足になった原因は何かを検討する。その検討によって、重視すべきキーワードが明確になる。例えば、「小学校低学年における観察能力の学年発達の実態調査」の先行研究では、質問紙法（アンケート）によって観察能力を測定していたとする。しかし、発達の結果が、日々の実践と食い違いが多いことを不満に感じたとする。さらに、その原因が、小学校低学年は記述能力が不十分であるにもかかわらず、質問紙法を用いていることに原因があると考えたとする。解決する方法として、彼らの観察時の行動に着目すべきと考えるならば、「行動分析」もしくは「パフォーマンステスト」などがキーワードとなる。したがって、研究のテーマは「行動分析による小学校低学年における観察能力の学年発達の実態調査」というテーマとなる。

逆に、ピッタリした先行研究がなかったとする。例えば、「観察能力」「学年発達」「実態調査」の3つのキーワードに関係する論文はあるが、「小学校低学年」「観察能力」「学年発達」「実態調査」の4つのキーワードに関係する論文がなかったとする。その場合、「観察能力」「学年発達」「実態調査」の3つのキーワードに関係する論文を整理する。整理の視点は、観察の学年発達の実態調査によって、どこまでが明らかになったことかを整理する。一方、小学校低学年に関する研究が見られないことを明らかにする。これを記述することによって「小学校低学年」に着目した研究のオリジナリティが主張できる。また、「小学校低学年」「学年発達」「実態調査」の3つのキーワードに関係する論文はあるが、それらの中に「観察能力」に関連した研究がなかったとする。その場合は、小学校低学年の学年発達の実態調査研究を整理し、何が明らかになったかを整理する。その中で、小学校低学年の学年発達の一般的傾向（例えば一様に発達するのか、特定学年で急激に変化するのか）を明らかにする。一方、「観察能力」に関する研究が見られないことを明らかにする。

　キーワードを少なくとも1つ含むものは、広義の意味ですべて先行研究である。しかし、その先行研究の数が多い場合は、キーワードを2つ以上含む研究を抽出する。先に述べた先行研究の文献調査を基に、関連する分野の達成点を明らかにするとともに、具体的な研究方法も明らかにすることができる。以上を総合して、「小学校低学年における観察能力の学年発達の実態調査」に関して、どのような方法で研究を行い、どのようなことが問題になっているかを明らかにすることができる。

　以下は具体的な記述方法を、簡略化した一例である。

　　小学校低学年においては、さまざまな能力が急激に上昇することが知られている。例えば、田中は、言語能力の発達をインタビュー調査によって調査した。具体的には、（以下、研究方法を説明する）。その結果、言語能力は小学校低学年において急激に上昇することが明らかにされている。（以下、様々な小学校低学年における発達研究を紹介する。）以上の結果から、小学校低学年は学年変化が大きいことが知られている。
　　観察能力は理科における基本的な能力であり…（まず、観察能力が教育上重要であ

> ることを述べる)。したがって、今までにも多くの研究が行われてきた。例えば、鈴木は、高学年を対象としてアンケート調査を行い、観察能力に学年変化があることを明らかにした。佐藤は、調査対象を小学校中・高学年に拡大し、鈴木と同様な調査を行った。その結果、小学校中学年には学年変化が存在することを明らかにした。この結果は、先に述べた鈴木の結果と一致する。しかし、小学校高学年においては観察能力に関して学年変化が見られないことを明らかにした(以下、同様な論法で、中学校、高校における先行研究を紹介する)。
>
> しかし、以上の研究は小学校中学年以降の観察能力の発達に関する調査であり、小学校低学年を対象とはしていなかった。先に述べたように先行研究の多くはアンケート調査などの言語的記述によって観察能力を測定していた。そのため、言語的記述能力の未発達な小学校低学年を調査対象とすることができなかった。しかし、先に述べたように、小学校低学年においては諸能力の急激な変化が見られる。したがって、観察能力においても学年変化が予想される。そこで本研究では、言語的記述によらない方法によって観察能力を測定する方法を開発し、小学校低学年・中学年・高学年を通した、観察能力の学年変化を明らかにすることを目的とする。

これと以下を比べてほしい。どちらの記載方法をとるべきかは明らかであろう。

> 「小学校低学年における観察能力の学年発達の実態調査」に関する先行研究は見あたらなかった。

(3) 修士・博士論文

先に述べたように、データベース・書誌によって、先行研究を見いだすことができる。しかし、最も効率のよい方法は、自身の研究に関連する修士論文や博士論文のレファレンスを利用する方法である。

現在、上越教育大学、兵庫教育大学、鳴門教育大学という、いわゆる新構想教育大学ではそれぞれ数百名の現職派遣教師を大学院生として受け入れている。その他にも、各県の国立大学においては、教育系大学院をすべて設置している。そのため、現在、教育系修士論文は多数生産されている。教育系博士課程は、従来旧帝国大学系大学と筑波大学、広島大学に限られていた。しかし、最近、東京学芸大学と兵庫教育大学(上越教育大学は兵庫教育大学連合に属している)のそれぞれの大学を中心とした連合大学院が設置される

ようになった。

　修士論文・博士論文は先行研究に対する組織的文献調査が求められる。結果として、関係する先行研究を網羅したレファレンスを論文内に含む。したがって、仮に自身の研究に関係する修士論文・博士論文が存在したならば、その論文のレファレンスは質の高い書誌の役割を果たす。

　このような、修士論文の一覧は、先に述べた、「教科教育学に関する研究総目録」に掲載されている。この書誌では、教育系大学院を持つ大学別に、国語、算数、理科等の教科別に、最近出された修士論文の一覧を掲載している。同様な書誌として、博士論文に関しては、国立国会図書館が発行する「国立国会図書館所蔵博士論文目録」がある。

　注意点は、修士論文や博士論文は一般の書籍とは異なって、通例、館外貸出しやコピー等のサービスは受けられない。したがって、それらの論文を閲覧し、コピーを得ようとした場合、該当大学に直接出向く必要がある。もう一つの方法は、該当論文の著者自身に問い合わせる方法である。その大学に事情を話して、修士課程・博士課程修了生の勤務先を聞く。そこに、手紙を書き、自己紹介と、必要となる理由、送付方法と返送方法を書いて、丁重にお願いする。筆者自身の経験では、適切な手順と配慮を伴って依頼した場合、きわめて好意的に対応してもらえる場合が多い。

　具体的には、自身の研究の意図、該当論文を見いだした経緯を説明し、論文の貸し出し、もしくはコピーを依頼する。その際、相手側にその場合、どのようなもの（例えば返信用切手など）が必要かを問い合わせる。相手からの返事を受け取り、それに従う。なお、論文を貸し出してもらった場合は、速やかに受領の手紙を書く。ただちにコピーし、返送する。筆者自身もこの種の依頼を受ける場合が多いが、中には返信用切手を入れず、一方的な依頼文を受け取ることがある。また、突然、こちらの都合をかまわず、返信用切手を送られることも考えものである。

(4) 腕 力

　以上のような、比較的効率のよい方法で探した後に、最後に腕力に頼る文献調査が必要である。特に、先に述べた修士論文・博士論文にのみに頼った場合、結局、先行研究たるその修士論文・博士論文を超えることはできない。それらの先行研究が見逃した文献が、新たな研究の糸口となることが多い。

　方法はきわめて原始的である。教育関係の文献がそろっている図書館に籠もる。具体的には、旧帝国大学系教育学部、教員養成系学部[1]を有する国立大学の図書館、もしくは県教育センターの図書館が考えられる。そこで、民間出版社の発行する教育関係の啓蒙書、教育関係機関（大学の教育関係学部、地方の教育センター、付属学校等）の紀要の目次をすべて見る。上越教育大学では、修士の1年夏に筑波大学の図書館に行き、腕力の文献調査をすることが恒例となっている。なお、利用する図書館によって、利用規定が異なるので、事前に問い合わせることが必要である。これを怠ると、わざわざ遠方から出向いたのにもかかわらず、利用できないという結果になる危険性がある[2]。

　この文献調査での注意点は、目次等で多少とも関係あると感じた文献は、迷わずコピーをする。けっしてその場でその文献を読んではいけない。読み始めると、時間がかかり、文献収集がおろそかになる。したがって、文献を読むのは自身の部屋に戻ってからにする。ただし、例外としてその論文のレファレンス（すなわち文末の文献一覧）だけはその場で読み、関係すると思われる題目があった場合、その論文もコピーする。以上のような、論文の発見、その論文のレファレンスから関連論文の発見、その論文のレファレンスから関連論文の発見…といった繰り返しを行う。

　もう一つの文献の探し方は「筆者」からの検索である。例えば、自分自

---

1) 現在、教員養成系学部は改組が進んでいるため、教育学部や学校教育部という名称でない可能性がある。
2) あなたが大学に所属しているならば、図書館の司書に他大学図書館の利用法に関して問い合わせることを薦める。

身の研究に近い研究を見いだし、その著者が田中太郎氏であったとする。一般に、一人の研究者は同一のテーマを長期間にわたって研究する。したがって、田中太郎氏が、見いだした論文の過去及びそれ以降に関連論文を出した可能性は高い。その場合、その田中太郎が勤務する大学（または教育センター等）で発行する紀要（例えば○○大学教育学部研究紀要）の目次を過去に遡って読む。この方法によっても、見落としがちな文献を探すことができる。

（5）　最後に

　最後に２つのことを述べたい。第１は、まったく別な分野の本を読むことである。第２は、どれだけ先行研究の検索に労力を費やすべきかである。

　一部の天才は別として、人間の能力の違いは微々たるものである。多くの人が、同じような問題を抱えているとき、その解決策は同じようなものであろう。数学・科学の歴史において、数十年・数百年間未解決であった問題が、あるとき同時に複数の人が同じ解決法を思いつくことも多い。これも同じ条件下では、我々は同じことを思いつく一つの証拠であろう。教科教育における問題も同じである。教科教育において問題を、数百、あるときは数万の人が考えている。その中で、人と違ったアイディアを思いつくことはかなり困難である。このアイディアを思いつく一つの方法は、他の分野では一般的であるが、教科教育では一般的ではないアイディア・手法を導入することである。具体的な方法は、大都市にある比較的大きな書店に行く。そして、自分がいつも見ている本が並ぶ書棚の隣、またはその隣を覗いてみる。仮に、そこに興味あるタイトルで、パラパラと読んでみると読みやすい本があれば、それを買ってみる。研究書ではなく、啓蒙書を薦める。他分野の研究書を読むことは、研究書を読みなれている研究者においてもかなり困難である。詳細ではなく、他分野のアイディアを汲み取るのであるから啓蒙書で十分である。読みながら、それを自分自身の分野に置き換えながら読む。「はじめに」にも書いたように、その本を読みながら、その本の欄外に書き込みをする。読みながら、「自分にも似たような、こんなことがあったな」「こんなことに

応用できるのでは」等々を書き込む。思いついたその時に書かないと、あとで「たしか良いアイディアだったんだがなー」と思い出せなくなる。実際、筆者の研究の約半数は、そのような書き込みを出発点とする。

　第2は、先行研究の検索に費やすべき労力はいくらかという点である。皆さんはヨーロッパにアンドラ（Andorra）という国があるのをご存知であろうか。筆者は世界地図をよく見るため、フランスとスペインの間にあることを知っている。しかし、その国に教科教育関係の雑誌が発行されているか、いないかを知らない。おそらく、今後それを調べることはないだろうし、結果としてそれを知らずにいつづけるだろう。しかし、教科教育関係の雑誌がある可能性を完全には否定できない。さらにその雑誌に、自分自身がやろうとしていることを、すでに解決している論文が掲載されている可能性も完全には否定できない。

　いくら文献調査を行っても「もしかしたら、自分のやったことはすでにやられているのではないか？」「見落とした文献があったのでは？」という可能性は常に残る。それでは、先のアンドラの教科教育雑誌も調べる必要があるだろうか。筆者は、全文献を調べる必要はないし、調べようとしても不可能だと考えている。それでは、どれだけの範囲まで調べる必要があるだろうか。それは、良識の範囲内としか言えない。しいてその基準をあげろと言われれば、自身が見いだした先行研究の文献調査がその基準を与える。先行研究を幾分でも上回る文献調査をすべきである。すなわち、研究とは問題を一気に解決するのではなく、従前のものよりも一歩前に進む営みと筆者は考えているからである。

第4節　先行研究の穴とその穴ができた原因

　筆者自身が初めて理科教育学を研究し始めたのは、大学学部卒業後に教育修士に進学したときである。最初に先行研究を調べたときの第一印象は、唖然の一言につきる。理系専門学部出身者であった筆者にとって、理科教育学

における実証的研究の条件設定は稚拙であり、論理は飛躍だらけとしか見えなかった。しかも驚いたことに、その研究を行った研究者の多くが、若手・中堅研究者の時点では、物理学・化学・生物学・地学などの理学において研究者であったことである。彼らの理学における論文と、理科教育学における論文を比較するとき驚きは鮮烈である。

　しかし、その種の研究を実際に始めると、なぜ、あのような条件設定になったかが明瞭となる。例えば、学習者の中には多様な学習履歴を持つ者もいるのであるから、その面で統制しなければ何も言えないと感じていた。しかし、実際に学習履歴を統制することは不可能である。先行研究を再読すると、完璧な条件統制ができないものの、著者なりにより統制しようとする努力が見えるようになった。そして、先行研究以上に統制することはかなり困難であることが明らかになった。「教育研究においては、否定は素人でもできるが、実行可能な代案を出しうるもののみが専門家である」はこの点においても真理であった。多くの場合、先行研究の不備は、何らかの理由がある。その理由がはっきりと見えたとき、それを越える方策も見える。

第2章　調査内容・方法

第1節　方法の選択

　科学においては、ある物理量を測定する適切な方法は限られている。さらに物理量は明確な定義がなされているので、真正の測定は一つとなる。しかし、教育においては、同じものを測定する方法は数限りなく存在する。例えば、学習者の興味・関心を測定する方法としては以下のようなものがある。

　最も基本的な方法は、直接「好きですか／嫌いですか」と聞くのである。例えば、自分自身の子どもが、花が好きか、嫌いかを知りたい場合、どのように調べるか。子どもの頭に多数の電極をつけて脳波を分析して調べようとする人はいないだろう。単純に、「花は好き？」と聞くはずである。なぜなら、その答えにはある程度信頼性があると考えているからである。

　しかし、本当は花が嫌いであるにもかかわらず、親を喜ばそうとして「好き」と答えた可能性も捨てきれない。その場合は、興味・関心と相関が高く、評定しやすい反応に着目する。一般には、知識を測る場合が多い。例えば、「ユリを知っていますか？」と聞く方法である。花が好きならばユリを知っている可能性は高いし、ユリを知らないならば、花にあまり興味がないと判断しても無理がない。方法は、直接「知っていますか／知りませんか」と聞く方法である。

　しかし、知らなくても「知っている」と答えることは可能である。そこで、「ユリの絵を描いて下さい」と頼み、実際にユリの絵が描けるか否かで評価することができる。しかし、小学校低学年など描画能力が未発達な学習者の場合はこのような調査は不可能である。

　別な方法もある。写真などを提示し、その名前を答えさせる方法である。しかし、名前を知っていれば興味があると言い切れるかと言えば、判断の分

かれるところであろう。そこで、「ユリの花びらは何枚か？」「ユリはいつ頃咲くか？」など聞き、それらに答えられたならば、花に興味・関心があると言える蓋然性[3]は高くなる。

　以上のさまざまな方法は、いずれも、興味・関心が高ければ知識は多くなるという仮説に基づく方法である。しかし、興味・関心と知識は対応していないと考えることも可能である。それよりも、彼らが花にどのように接しているかが重要であると考えれば、日常の行動を観察する方法が考えられる。例えば、学校の花壇にどれだけ毎日水を与えているかなどで判断する方法もあろう。しかし、ある子は花壇に水をやりたいが、水やり係が決められているため遠慮している場合もある。

　上記の方法とはまったく異なる測定方法を筆者の研究室では開発している（西川、加藤　1997）。その方法の原理はきわめて単純である。仮に10cmの棒と5cmの棒が提示され、どちらが長いか判断することはたやすいことである。しかし、10cmと11cmの棒の長短を判断することには多少の戸惑いが生ずる。さらに10cmと9.5cmの棒の長短を判断することは、さらに困難となり、結果として判断にかかる時間が長くなる。すなわち、比較判断の時間によって、比較する対象の差を評価することができる。このような現象は、物理量の比較ばかりではなく、心的な比較にも生じる。心的に序列を判断する時間は、その比較対象の差異が小さくなるほど増加する。一般にこの現象は、「象徴的距離効果（Symbolic Distance Effect）」と呼ばれる（Moyer　1976）。この原理を用いれば、本来、直接測ることのできない、興味・関心を定量的に測定することができる。方法は、画面に「動物」と「花」などの二つの名詞（もしくは絵）を提示し、どちらが好きかをボタンで選択する。この選択にかかった反応時間をミリ秒単位で測定することによって、花に対する興味を測定することができる。

　瞳孔面積によっても興味・関心を測定できる（西川、畑内　1998）。瞳孔は光の強さのみならず、興味・関心に反応する。例えば、男性は女性ヌード

---

[3]　本書でも出るが「がいぜんせい」と読み、「確からしさ」を意味する。

を見ると瞳孔が広がるが、男性ヌードでは広がらない。女性の場合は、それが逆になる。また、女性は赤ちゃんを見ると瞳孔が広がるが、男性は広がらない。しかし、男性も自身が子どもを持つようになると、瞳孔が広がることが知られている(Hess 1965)。学習者の瞳孔を連続的に測定することによって、彼らの興味・関心を連続的に測定することが可能となる。このほかにも、脳波（松本勝信 1980a、1980b、松本伸示 1984）、皮膚抵抗（村井 1989、1990、1992）なども利用することが可能となる。

以上に示したように、同じ興味・関心を測定するにしても、実に多様な測定方法がある。それでは、いずれの方法が優れ、いずれの方法が劣っているのであろうか。実はそのような比較は、一概にはできない。

科学における物理量の測定方法が限られているのに対して、教育における測定方法が多様な理由は、教育においては測定対象自体を自らが創造し定義しなければならないからである。先の例で言えば、絶対的に正しい興味・関心の定義はない。しかし、我々は興味・関心という言葉を使えるのは、我々が同種の「感じ」を持っているからに他ならない。しかし、それらの「感じ」が完全に一致してはいない。さらに、同じ人の持つ「感じ」も一つではなく、時と状況によって変化する。したがって、先に述べたように測定方法は一義的ではない。しかし、以下の点を満たしていなければならない。

①本人自身が妥当だと「感じ」、伝えたい相手（例えば学校の同僚、雑誌の読者など）も妥当だと「感じ」ると予想できる。
②本人が使える方法であること。例えば、先に示した瞳孔を使った方法は、数百万円の測定機器が必要となる。したがって、一般に用いることは不可能でる。

以上の限定の中で、計りたいものを測る方法を選ばなければならない。その点は、教育における実証的研究の難しさである。科学の場合、多くは、先人が安定して使える方法を与えてくれる。しかし、逆に、自らが新たな視点で定義し、創造することができることが、教育における実証的研究の醍醐味

とも言えよう。

第2節　質問紙法

　質問紙によって調査を行う場合、調査項目を定めなければならない。最初にすべきことは、先行研究においてどのような調査項目を定めていたかを洗い出し、整理することである。方法は、それぞれの出典（著者、題名、雑誌、掲載年／頁）、対象（学年、年齢）、問題（方法）、結果を最低記述したカードを作成する。以下は筆者の修士論文作成の際に作成したカードの一例である。このカードに具体的な問題文・図を付けている。なお、ここの項目は、調査の目的に依存する。なお、筆者の時代と違って、現在はコンピュータファイルに保存するのは当然である。お使いのワープロソフトに保存すれば、検索が便利であるが注意点がある。この種のカードは読んだ直後に作成することを強く薦める。なぜならば、数日たてば記憶がぼやけてしまう。そのため、カードを作成するとき、再度読み直すという無駄な労力を生じてしまう。

文献　NO.1
著者　伊神大四郎、貫井正納
題名　科学的概念の発達　第1報　電気概念について
雑誌　千葉大学教育学部研究紀要　V.23　第2部　PP.259-272　1974
研究対象　小学校1年から中学校3年まで　各学年　（N＝2457）

調査目的　小学校、中学校の指導要領の電磁気の項より、各学年の目標からみて、基本的な内容を取り出して問題を作り、定着の実態を明らかにすることを目的とした。
調査結果　1.電流と磁気との間に混同がある。
　　　　　2.女子生徒は、学習後は正答率が急増する。しかし、次にその内容が出るまでに忘れる率は男子生徒より大きい。
　　　　　3.中学生になると現象のモデル化が行われているが、一つのモデルで全ての現象を説明しようとしている。

次に、それらを似たもの同士で分類する。そして、樹形図のような形式で整理する。ちなみに以下の図は、筆者が電気概念に関する調査（修士論文）で作成した樹形図の一部である。

ある領域において学ぶべき内容を樹形図で整理する方法は70年代のカリ

図1　樹形図の例

キュラム改革で盛んに行われた方法である。小・中学校での学習内容を整理した図は栗田一良（栗田　1981）が代表的である。また、高校・大学における学習内容を整理した図は芦場波久（芦場　1977）が代表的である。

　以上のような樹形図では抵抗の下に「物質による違い」「接続による違い」「導線の太さ・長さによる違い」の三つの項目がある。一つ一つの項目にはそれぞれを評価する問題が対応する。例えば、「物質による違い」の場合、以下の問題も一つの例である。

　　以下の中で電気を通すものに○をつけて下さい。
　　消しゴム　ガラス　10円玉　100円玉　セロファン

　このような問題に正解した場合、「物質による違い」を理解していると判断する。さらに、「接続による違い」「導線の太さ・長さによる違い」に対応する問題が解けたとき、「抵抗」を理解したと判断する。そして、「回路成立」「多様性と同一性」「電流」「電圧」「抵抗」「電流・電圧・抵抗の関係」のすべてを理解したとき、「電気回路」を理解していると判断する。このような樹形図は、指導要領等を参考に作成するのが通例である。

　先行研究で用いられた問題例を、この図で分類する。樹形図から質問項目を整理するとともに、逆に、質問項目を参考に樹形図の修正が行われる。調べるべき対象の全体像に位置づけることによって、全体的なバランスを取ることができる。例えば、電気の理解を調査する問題が、抵抗に関する問題に集中していた場合、以上のような整理を行えば、バランスの悪さが一目瞭然である。ただし、バランスを取るといっても、すべての下位項目に調査問題が対応できるわけではない。時には、その下位項目に対応すべき適当な調査問題が作成できない場合もある。ただ、できるだけバランスを取る努力は必要である。

　回答形式に関しては、自由記述と選択肢があるが、自由記述に関しての注意は行動分析と一致するので、そこで説明する。ここでは選択肢作成に関するいくつかの注意を行いたい。

第1に、できるだけ複数選択ではなく単数選択にする。例えば、好かれる果物は何かを知る方法としては次のような聞き方がある。

　　以下の果物の中で好きな果物を○で囲んで下さい。
　　リンゴ、イチゴ、パイナップル、メロン、パパイヤ、ミカン

　このようなデータをコンピュータに入力する場合、○で囲まれた果物を1、囲まれなかった果物を0に変換して入力する。例えば、上記の例の場合、リンゴとパイナップルが囲まれた場合は、「101000」と入力する。この種の聞き方の問題点は、リンゴとパイナップルの好きの度合いは必ずしも一致しないという点である。さらに、大多数の人が一つしか囲んでいなくても、6個の数値を必ず入力しなければならない。そこで、以下のような問題を薦める。

　　以下の果物の中で一番好きな果物を○で囲んで下さい。
　　リンゴ、イチゴ、パイナップル、メロン、パパイヤ、ミカン

　この場合、好きな度合いのばらつきは、少なくとも前者よりは狭くなる。さらに、リンゴ、イチゴ、パイナップル、メロン、パパイヤ、ミカンにそれぞれ1～6の数値を割り当てれば、コンピュータへは1個の数値の入力で十分である。例えば「メロン」が一番好きな果物である場合、コンピュータに「4」と1回だけ入力すればよい。
　第2の注意は、選択肢の数は最大9個までとする。通例、未記入の場合は0が割り当てられるので、選択肢の数が9個であれば、0～9の数字を1回だけ入力すればよい。しかし、選択肢が9を越えた場合、9の入力は「09」としなければならない。これは、コンピュータは何番目に入力したかによって、何のデータであるかを判別するので、単に「9」と入力された場合、それが9なのか、九十何の9なのかが判別できなくなるからである。したがって、たった一つの選択肢によって入力の労力は倍となる。

直感的には、できるだけ、複数選択にし、選択肢の数を多くした方が望ましいように感じる。しかし、そのようにすると上記で説明したように、入力の労力は倍加する。さらに、その調査問題を読む被験者に、それだけの労力を強いることになる。最悪の場合は、最後まで真面目に解答してもらえない可能性さえある。

　複数選択で、多数の選択肢で調査を行い、その選択率の高い順序に1番目、2番目と並べて、その選択率を図にしたものの例を以下に示す。生態学や社会学においても同様な結果になるが、多くの場合は、上位数件で全体のほとんどの傾向を知ることができる。この場合で言えば、上位5つで全体の99%以上の傾向がみられることになる。その場合、複数選択にし、6以上の選択肢を設定しても、益少なく害多い結果となる。そのため、予備調査によって、適当な選択肢の数を見ることは重要である。なお、予備調査の人数は50人程度で十分である。仮に、複数の学年で調査を行う場合は、その最高学年と、最低学年で50人程度の予備調査をすることを薦める。

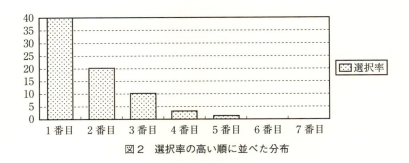

図2　選択率の高い順に並べた分布

問題内容の検討

　予備調査は上記の選択肢の検討以外でも必ず行うことを薦める。例えば、筆者が行った調査に、小学生を対象とした時間概念の調査がある。その調査では、昔のことをどのように児童が捉えているかを自由記述で求めた。この際、100年前や200年前といっても、彼らにとっては抽象的すぎると感じた。そこで、「おじいちゃん」の時代はどんな時代でしたか？　という形式で聞い

た。予備調査を行ったところ、「おじいちゃん」を持たない児童が多いことがわかり、「おばあちゃん」に変更したいきさつがある。

その調査の問題では、「おばあちゃんのおばあちゃんの時代はどんな時代ですか」と聞いた。筆者の意図としては、児童から数えて5代前の時代を質問したつもりであった。しかし、児童の「おばあちゃん」というのは「年を取った親」という意味で捉えられていた。したがって、彼らは「おばあちゃんのおばあちゃん」とは「おばあちゃん」の親（当然、年を取っている）の意味で捉えていた。すなわち、「ひいばあちゃん」の時代を質問していると捉えている児童がいたのである。

このような、出題者の言葉と被験者の理解のズレ、調査時間の設定、調査実施者への注意など、予備調査によって得るものは多い。

第3節　行動分析

ここでは、行動分析の分類基準を中心に述べたい。質問紙法の自由記述の分類に関しても同様であるので、読み替えながら読んでほしい。

選択肢を用いた質問紙調査では、一定の基準で正答、誤答を分析することは比較的容易である。しかし、行動分析調査における、子どもたちの生の行動は実に多種多様である。そのため、それらを分類することはかなり困難である。

ここでは、二者間の話し合い活動を例にして、分類基準作成の手順を説明する。分類基準作成の最初の段階は、対象となる二者間の話し合い活動をできるだけ多く観察する。観察する際に、それぞれの話し合い活動を望ましいものと、望ましくないものに分けながら観察する。この観察の際にはビデオ、カセットテープ等で、生の映像・音声を記録しておく。特徴的な話し合い活動をいくつかまとめ、適当に名付ける。例えば、「ビンの中の炎が燃えた後に、空気の量はどうなるか」と問いかけた。その解答から、「空気の量は変わらない」という考えの児童と「空気の量は少なくなる」と考える児童

を抽出した。異なる考えの児童同士を話し合わせたとき、「強制的会話」「安易な合意」「会話不成立」などが見つけられたとする。

「強制的会話」とは二人の内、一方のみが話をし相互の会話がない場合を指す。このような会話は、学習達成度やクラスにおける地位に関して両者がかけ離れていて、課題達成のみを目的としている場合に起こりやすい。具体的な発話記録は以下の通りである。

A：空気が……おまえのどういう意味。
B：空気があるとそれが燃えるじゃん。そして燃えて消えるじゃん火によって…
A：使われてってことか。ろうそくで酸素が二酸化炭素にだんだん変わるじゃん
B：使って消えるんだから少ない。
A：少なくなっているんだったら…燃えるじゃん。どう言ったらいいんだ……。おれのやつは空気が二酸化炭素に変わるんだから。
B：なんだ、空気が二酸化炭素になるの？
A：だから前に実験したろ。
B：なんで二酸化炭素になる？
A：だからおれたちが空気吸うじゃん。出すのが二酸化炭素。ろうそくの使ったものを二酸化炭素にする。
B：わかった…

なお、この会話の以後にBに「本当にわかった？」と聞いたところ、「ううん…わからない」と答えた。

Bは使えば無くなる、だから減ると考えており、それを根拠として説明している。一方、Aは知識によって二酸化炭素のことを知っており、それで説明しようとする。「呼吸」の例などの根拠を上げているが、Bの納得する説明となっていない。

「安易な合意」は、学習者が課題を達成することよりも、合意形成を第一

の目的とした場合におこりやすい。ほとんど課題に関して議論することなく、合意に達している。具体的な発話記録は以下の通りである。

　　A：おまえは使われたからなくなる。おれは二酸化炭素になる。
　　B：ふたの中に入っているのだから使われて減る。
　　A：そこまでは同じで、使われてなくなったらおかしい。だから二酸化炭素になる。
　　B：じゃ、いいや。

　この場合、Aは知識として燃焼によって酸素が二酸化炭素になることを知っている。Bは燃焼によって酸素が使われて、その分ふたによって閉じられているビンの中で空気は減っていると考えている。しかし、Aの「使われてなくなったらおかしい」という無根拠の説明で合意してしまっている。

　「会話不成立」は自身の考えを連呼するのみで会話が何ら成立していない。このような会話は、学習達成度やクラスにおける地位がほぼ同じで、自説に自信を持っている。しかし、論理的に自説を導いていない場合に起こりやすい。

　　A：火は吸う。
　　B：吸わない。
　　A：だってそうじゃないと燃えないでしょ。
　　B：吸わない。
　　A：火は空気のおかげで燃えるんだから。
　　B：吸わない。

　次に、各カテゴリー間を比較し、両者を区別する決定的な違いは何かを検討する。「強制的会話」と「安易な合意」を比較すると一見合意が成立しているように見えるが、自説を変えた方が変えたことに納得する度合いが異なる。

会話終了後に、意見を変えた方に「今の自分の意見にどれだけ納得していますか？ 全然納得していない場合は1、完全に納得している場合は10として、1～10の数字で答えて下さい」と質問したとする。この数値を「納得度」として使う。その結果、各納得度の学習者の割合は以下の通りであったとする。

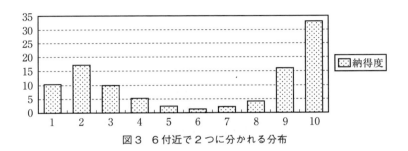

図3　6付近で2つに分かれる分布

この場合は、「6」が最小で、左右二つの分布に分かれる。そのため「6」あたりを基準値にすることが適当である。しかし、上記のグラフのように都合よく二つに分かれることは少ない。その場合は、自分の直感を信じて、「強制的会話」と「安易な合意」を分ける発話量を設定すればよい。例えば以下のような分布であり、両者の分かれ目が直感として「3」前後であれば、その直感に従って「3」を基準とする。すなわち、納得度が1や2の児童と、納得度が4、5、6、7、8、9、10の児童で大きな違いを感じる。かつ、1の児童と2の児童に大きな差を感じない。かつ、4の児童、5の児童、6の児

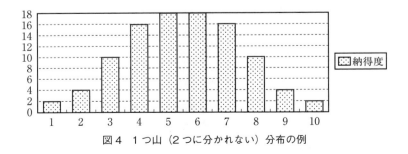

図4　1つ山（2つに分かれない）分布の例

童、7の児童、8の児童、9の児童、10の児童では大きな差を感じない場合は、「1、2」と「4、5、6、7、8、9、10」の二つの分布と判断し、両者を分ける3が基準値となる。

　この場合、基準値付近に20%前後の学習者が含まれる。この値が大きくなると後に述べる「精密」度を低めることになる。しかし、まず重視しなければならないのはその現象を見て得た直感であり、基準値は客観性を高めるための道具にすぎない。なお発話量は時間のみによって測定されるのではない。例えばワード数、特定のワードの頻度で測定することも可能である。最も適切に分類できる測定方法を選択すればよい。

　次に「強制的会話」と「会話不成立」を比較したとき、納得していないという点では一致している。しかし、説得する側が根拠を述べているか否かが大きな違いである。そこで、この根拠の有無を基準とする。以上を基に整理すると以下のようになる。

表1　整理した例（その1）

	納得度3未満	納得度3以上
根拠あり	強制的会話	
根拠なし	会話不成立	安易な合意

　そして、欠けている右上の欄が「望ましい会話」となる。このように、ぴたりと各欄に一つだけのカテゴリーが含まれるならば、分類は完成である。しかし、仮に一つのマスに複数のカテゴリーが分類されるならば、分類の属性がまだ足りないことを意味する。例えば、納得度3以上で、根拠のある議論をしている会話の中に、望ましくない会話が含まれたとする。再度、検討した結果、両者を分ける基準が、会話中に「言い換え」「例」を「使っている／いない」であったとする。その場合は、先の2×2のクロス表[4]を、2×2×2のクロス表に換えて整理する。また、見にくい場合は、以下のよう

---

4)　表1のような表を指す。2×2のクロス表とは、縦横それぞれ二つのカテゴリーによって構成されている表を指す。

表2 3つの基準で整理した例

納得度3以上	根拠あり	言い換え、例あり	
○	○	○	望ましい会話
○	○	×	
○	×	○	
×	○	○	
○	×	×	
×	○	×	
×	×	○	
×	×	×	

な表にして整理する。

　この表を基に、再度、各カテゴリーを整理する。具体的には、「強制的会話」「会話不成立」「安易な合意」を残っている右端の欄に埋めていく。ぬけている欄に「強制的会話」「会話不成立」「安易な合意」で埋めることができない場合、新たなカテゴリーを設定する。そして、そのカテゴリーの代表的な例を探しだし、検討する。このような、繰り返しの中で、適切なカテゴリーが形成される。

　このような分類を作成した後、その分類が客観的なものであると保証する手段は、現在、教科教育において一致したものは残念ながらない。しかし、認知科学においては以下のような方法・基準が一般に認められている（Ericsson & Simon　1984）。

①実験者が分析単位や分析方法を定義する。
②2名以上の分析者がその定義書に従って分析する。
③分析者の分析の8割以上一致していれば、それを正しい分析が行われたものとして、認める。

　以上のような方法で客観性を保証することが最も望ましいが、必ずしもそうでなければならないと言うわけではない。重要なのは比較する群同士で判断基準が異ならないことである。

　例えば、「学習者が喜んだ」という基準を設定したとしよう。人間の喜び

は多種多様であるので、「喜んだ」ことを厳密に定義することはかなり困難である。仮に、無理に定義しようとした場合、客観的であっても妥当性に欠ける分類になる可能性がある。

　筆者は、人間の主観を高く評価している。ある人が「喜んだ」と評価した場合、他の人も「喜んだ」と評価する可能性は高いと感じている。すなわち、人間は高度な分析機器で、その分析結果である主観は信じるに足るものである。しかし、正確ではあるが精密ではない（第1部第3章第1節参照）。簡単に言えば、だいたいの判断は正しい。しかし、判断が常に一定ではないことを意味する。

　例えば、「喜んだ」という判断を連続して何人も評価した場合、最初の「喜んだ」基準と最後の「喜んだ」基準は異なる可能性がある。仮に、あるクラスの学習者だけを評価し、その後、別なクラスの学習者だけを評価したとする。その場合、両クラスに差がなくても、差が生じてしまう可能性がある。この場合、予見を避けるため、どの子がどのクラスに属しているかを判別できないようにする。そして、評価する学習者の順序ができるだけランダムであるようにすべきである。ランダムにすることによって基準の変容の影響は、比較する両群が等しく受ける。そのため、その効果は相殺されることが期待される。

　最後に、行動分析の大変さを述べなければならない。従来の教科教育学における実証的研究では質問紙法などが主で、行動分析は少なかった。その最大の理由は、行動分析の労力の多さである。上記では行動分析における、カテゴリー化を中心に述べた。しかし、カテゴリー化が比較的容易な場合であっても、行動分析は大変な労力を伴う。この労力を長谷河の研究を例に説明しよう（長谷河　1991）。彼の研究では、学習者に豆電球と電池と電線を与え、自由につなぎ方を試行させた。彼は、学習者がどのような方法でつなぎ方を変化させるかに着目した。そのため、学習者一人ひとりのつないでいる様子をビデオに記録した。そのビデオ記録から、豆電球のそれぞれの端子が電池のどの極、また、他の豆電球のどの電線につながれているかなど、詳細を記録した。そのため、ビデオの学習者が接続を変える度に、ビデオを一時停止

し、その接続を記録しなければならなかった。そのため、10分のビデオ記録をデータ化するために必要な時間は10分ではなく、30分、時には1時間以上かかる場合もある。彼の調査対象は491名である。一人ひとりの行動は15分ずつ2回（したがって全30分）記録した。すなわち、すべての記録時間は245時間30分となる。先に述べたように、ビデオ記録をデータ化するのにはその数倍かかる。

彼の場合は、3か月以上、一日中ビデオにかじりつき、データ化した。上越教育大学において、2年間フルタイムの研究の機会を与えられた教師のみが出せるデータである。彼の調査は一つの例ではあるが、行動分析とはそれだけの労力がかかる分析である。

第4節　誤った調査項目

かって、日本に統一試験が検討されたとき、欧米の専門家を招き、日本の試験問題の評価を受けたことがある。その際、その専門家が日本の試験問題を見て解答したところ、多くの問題で正解することができた。もちろん、彼らは日本語が読めないので、記号として見て解答した。以下のような問題であった。解答できた欧米の専門家と同様に、記号で表した。さて、正答は何番であろうか。
1. ＠＠＠＠＠＠＠＠＠＠＠
2. ＠＠＠＠＠＠＠＠＠＠＠＠＠＠＠＠＠＠＠＠＠＠
3. ＠＠＠＠＠＠＠＠＠＠＠＠＠＠＠＠＠＠＠＠＠＠＠＠＠

答えは3番である。一般に正答は相対的に文章が長くなる傾向がある。例えば、以下のような問題を見てほしい。なぜ、正答が相対的に長くなるかといえば、正答は完璧であらねばならないので、条件付けが加わり長くなるからである。

次の中で正しいのはどれですか

1. 月は 20 日で構成されている
2. 月は 30、31、28 日で構成されている
3. 閏年以外の年では、月は 30、31、28 日で構成されいる

次に、次の問題の正答は何番であろうか。

1. ＠＠＠＠＠＃＃＃＃＃
2. ＠＠＠＠＠＆＆＆＆＆
3. ％％％％％＆＆＆＆＆

答えは、2番である。正答である2番を作った後で、その一部を変化した1番と3番を作成した。その結果、2番は他の選択肢と共通点を多く持っている。

なお、現在のセンター入試などでは上記のことに関して考慮がなされており、このような問題はない。しかし、テレビなどのクイズ番組では散見する場合がある。

次は、筆者が実際に見たアンケートを簡略化したものである。

　　あなたは休日の削減をどう思いますか？
　　絶対反対、反対、どちらともいえない

この調査の場合、アンケートを作成した意図があまりにも露骨である。このような調査であれば、アンケートに答える集団も偏ったものになる。また、仮に反対者が多いという結果が得ても、説得力がない。圧倒的多数が休日の削減に反対であるならば、選択肢を以下のように変更しても結果に変化はない。

　　絶対反対、反対、どちらともいえない、賛成、絶対賛成

第3章　調査対象

第1節　正確と精密

　我々が「正しく」測定すると一般にいうときには、「正確」と「精密」という二つの意味を無意識に含ませている場合が多い。両者の違いをわかりやすくするため、以下に長さ5cmの棒の長さを物差しで5回測った場合の例をあげよう。

　　　正確で精密　　　　　5.0, 5.0, 4.9, 5.0, 5.1
　　　正確だが精密でない　 4.0, 6.0, 6.0, 5.0, 4.0
　　　精密だが正確でない　 7.0, 7.0, 6.9, 7.0, 7.1

　簡単に言うと、正確な測定とは、測定された値が、真の値を中心として分布している場合のことを指す。精密な測定とは、測定された値が、比較的狭い範囲に分布していることを指す。ここで考えていただきたいのは、なぜ、正確でない値が測定されたり、精密でない値が測定されるのであろうか、ということである。
　誤った物差しを使って測定した場合、正確でない値が測定される。例えば、本来5cmの位置に7cmの目盛りが振られている物差しであれば、先の「精密だが正確でない」測定値のような測定をしてしまうことになる。一方、目盛りの間隔が広い物差しを使って測定した場合、精密でない値が測定される。例えば、20cm間隔に目盛りがある物差しであれば、先の「正確だが精密でない」測定値のような測定をしてしまう。すなわち、正確で精密な測定をするためには、正確な位置に目盛りが書かれ、かつ、その目盛りが細かい必要がある。

これを、児童の動物への関心度を行動で見る場合で説明しよう。例えば、「興味を持って対応している」などの曖昧な行動カテゴリーの場合は、その時々によって値がふらつく。しかし、人間の直感はだいたいにおいて正確である（そうでなければこの社会における対人関係は成立しない）。そのため、正確だが精密な測定とはいえない。一方、「頭をかく回数」で測定することもできる。しかし、この場合は回数を正確に測定することはできるが、計りたい興味との関係に妥当性がない。そのため、精密だが正確な測定とはいえない。

第2節　正確な調査を行う方法

教育研究において正確な調査とはどのような調査を意味するのであろうか。以下にいくつかの例をあげるが、直感的に正確であるか不正確であるかを判断してほしい。

例1：高校生が電気をどれだけ知っているかを調べるため、平均的な電気の問題を、私立男子進学校で実施した。その結果、ほぼ100％の正答率であった。したがって、高校生の電気の理解度は高い。

例2：中等教育段階で電気の理解度がどのように変化するかを調べるため、国立大学教育学部附属中学校2年生と大都会における公立高校1年生に、平均的な中学校電気分野の問題を解答させた。その結果、中学生の正答率が高校生の正答率を上回った。したがって、電気に対する理解度は、中等教育段階で低下する傾向を持つ。

例3：各学年300人の調査を実施したい。そのため、A中学校とB中学校に調査依頼を行った。A中学校は遠足の関係で、2年生の協力を受けられなかった。一方、B中学校は模試の関係で、3年生の協力を受けられなかった。結果として1年生はA中学校150人、B中学校150人、2年生はB中学校300人、3年生はA中学校300人の調査協力を得た。

いずれも、正確な調査とは言えない。例1の場合、私立男子進学校の生徒

が、高校生一般の代表とはならないことを、我々は常識的に知っている。さらに、例2の場合、附属中学校が一般にレベルが高いことを、我々は知っている。したがって、両者を比較することによって、一般的な中等教育段階の変化を示すと判断できない。例3は実際の調査で起こりがちである。しかし、この場合、2年生と3年生で差が生じた場合、その差が学校差なのか、学年差なのかが判別できない。

　正確な調査をするためには、一般的な調査対象に調査すればよい。ところが、一般的であると保証することはかなり困難である。例えば、偏差値50であるから平均的な学校であると断言することはできない。そのため、統計の場合は、無作為抽出という手順をとる。しかし、一度、この種の調査を行えば明らかであるが、この種の調査で無作為抽出をすることは不可能である。例えば、乱数を使った無作為抽出で、A学校第2クラス出席番号23番の生徒を調査対象に選んだとする。そこでA学校の2クラスの担任に、筆者の調査で必要だから出席番号23番の生徒に問題をやらせろと言ったら、正気を疑われ、もちろん断られる。

　教科教育で一般的なデータを得ようと思った場合、一般的なのは調査協力校を増やす方法である。協力学校間の特殊性が相殺されることを期待する処置である。それでは、どれだけの学校に頼めばよいのか。多ければ多いほど一般性が高くなることが期待できる。しかし、その数は、「できるだけ多く」としか言いようがない。この種の調査を行うと、すぐ調査依頼が難しいことに気づく。自身の勤務校に関してはなんとか無理が利くが、他の学校が常に協力的であるとは限らない。ましてや、調査手順が複雑で、数回の調査を行わなければならない場合、協力してくれる学校はきわめて稀である。結局のところ、この種の調査において、完全な一般性を求めることは不可能である。我々ができることは、より一般的なデータを取る努力をするほかにない。

　上記の理由から、一学校しか協力を得られなかった場合も多い。しかし、必ずしも正確な調査が不可能であると限らない。

> 例4：高校2年生の中で血液型Aの生徒の割合を知るため、私立男子進学校で血液検査を実施した。その結果、40%の生徒がA型であった。したがって、高校生のほぼ40%がA型である。

　この例の場合は、正確な調査であると考えられる。それは、例4の場合、血液型は私立男子進学校であろうとなかろうと差はないと常識的に知っているからである。教科教育の調査においても、基本的認知能力など、カリキュラムと直接関係しないと思われる場合は、調査協力校の数を増加する必要は必ずしもない。ただし、今後、性別、年齢によって血液型と関係しているという事実が明らかにされたなら、この調査結果が一般性を持つかが疑わしくなる。しかし、現段階でその事実が明らかにされていない以上、結果の一般性を疑わなくてもよい。

> 例5：中等教育段階で電気の理解度がどのように変化するかを調べるため、国立大学教育学部附属中学校1～3年生と大都会における公立高校1～3年生に、平均的な電気の問題を解答させた。その結果、中学生1、2、3年生の正答率は学年進行と共に増加した。また、高校生1、2、3年生の正答率も学年進行と共に増加した。したがって、電気に対する理解度は、中等教育段階で増加する傾向を持つ。

　この例5に関しても正確だと考えられる。例2では絶対値を比較していたが、例5では同じ集団内の学年変化を見ている点が異なる。
　例5の場合、比較しているのはあくまでも同じ学校内の生徒である。中学2年生と中学3年生の生徒集団の質が激変はしないことを常識的に知っている。従って、同じ学校内の生徒で変化が起こったならば、電気に関する学習の影響であると考えられる。また、学習するカリキュラムは、全国一律である。したがって、ある学校において中学校2年から3年で正答率が増加したならば、同一カリキュラムの他の学校でも同様な結果が得られると予想することができる。
　ただし、例4も例5も正確でないと主張することも可能である。先に述べ

たように、血液型と学力が関連していると信じている人は、例4は正確とは判断しない。また例5に関しても、調査した学校の学年変化の傾向が一般的であることは必ずしも保証されない。例えば、その学校の教師が驚異的に優れた教師である可能性を否定できない。

　教育における調査は、化学実験や動物実験とは異なり、完全な条件統制は不可能である。例えば、学習者の実年齢や、学習履歴を統一することは不可能である。したがって、我々にできることは、できるだけ正確な調査を行うよう努力することである。ただし、その努力が十分であったかは読者の個人的な意見に依存する。そのような判断をする際には、第1部第1章第4節に述べたことを思い出してほしい。教育研究において否定することは素人にもできるが、代案を出せるのは専門家（玄人）だけである。それを実現可能であると主張した人自身がかつて行ったことがあるならば、その代案は実現可能なものであると保証されている。

第3節　精密な調査を行う方法

　精密な調査を行うためには、調査対象が何人必要であるかを決定する目安がある。ある調査をしたときの誤差もしくは揺らぎは、おおむね調査人数の平方根程度である（松原治郎　1985、39）。例えば、100人の調査を行った場合、100の平方根である±10人程度の誤差が生じる。100人の中の10人であるから10%程度の誤差となる。10,000人の調査を行った場合、10,000の平方根である±100人程度の誤差が生じる。10,000人の中の100人であるから1%程度の誤差となる。すなわち、10%以上の差を比較する場合ならば、100人程度必要となる。仮に、1%差を吟味するならば、10,000人程度必要となる。

　以上のことで最低限必要な調査人数を見積もることができる。しかし、調査人数に必要な最低限必要な人数があるように、調査に適切な最大限の人数も存在する。

例えば、ある単元での指導法を開発したとする。その指導法の有効性を明らかにするため、平常の方法で100人、新たな指導法で100人を指導する。指導後、調査問題を解答させ正答者の数で比較する。仮に、平常の方法で50人の児童・生徒が正答し、新たな指導法で51人の児童・生徒が正答したとする。この場合、新たな指導法が有効であったと言えるだろうか。確かに1%の差が存在するのだから、有効であると主張することは可能であろう。しかし、100人の中で一人の違いというのを40人クラスに置き換えてみれば、一人にも満たない。これをもって、有効な指導法だと主張するには幾分無理がある。ちなみに、この効果を分析（後述する2×2のχ^2検定）すると、統計的には差がないという結果になる。したがって、直感と統計とが一致する。ところが、この調査を200倍の40,000で行ったとしよう。結果として、平常の方法で10,000人の児童・生徒が正答し、新たな指導方法で10,200人の児童・生徒が正答したとしよう。割合としては先と同様に、1%の違いにすぎない。しかし、これを先の方法で分析すると、差があるという結果が出る。統計で差があるというのはあくまでも、その差が偶然ではないことを意味する。その差が大きいと言うことを意味していない。ところが、我々が日常使う「差がある」という言葉には、その差が大きいという意味がある。その結果、直感と統計の結果に差が生じてしまう。したがって、むやみに調査対象を増やすことには問題がある。

　筆者の経験では、5%程度の差を吟味する程度が実際的である。したがって、被験者は200〜300人程度が目安である。しかし、男女の差をみたいならば、それぞれ200〜300人であるから、全体で400〜600人程度が必要となる。さらに、1年生、2年生、3年生の男女差をみたいならば、200〜300人×6の調査対象が必要となる。

　しかし、先の計算式はあくまでも目安である。結果として、きわめて軽微な差であっても、統計的に差があるという結果を出す可能性がある。その場合は、差があると言うときには、統計的に差があり、かつ、絶対値としても5%（もしくは10%）程度以上の差があったとき、初めて差があったと議論するようにすべきである。例えば、以下のような記述をする。

「本研究における調査対象は多数であるため、比較的軽微な差であっても統計的に有意な差となる。そこで、本研究では5%の危険率で統計的に有意であり、かつ実数として5%以上の差が見られたとき、差があったと判断した」。

第4章　計画の注意

　筆者は実証的研究を専門としているため、現場で行われる調査に関して相談を受けることが多い。しかし、その大多数は調査終了後に相談にくる。回答用紙の束を持って、「先生、この調査をまとめたいのですがどうしたらよいでしょうか？」と相談にくる。それに対して、「何を語りたいのですか？」と筆者は必ず聞く。それに対して、意外という顔をする場合が多い。本書において繰り返し繰り返し述べているように、実証的研究とは、自分が語りたいことを、一定の手法に従って語ることである。結果を分析すると、大宇宙の真理が魔法のように現れるものではない。仮に、語りたいことがなければ、何も語れない。

　「語りたいことがなければ、何も語れない」と書くと、データをねじ曲げ、ねつ造するように誤ってとらえる人がいる。しかし、語りたいことがなければ、研究が進まないのは、教育研究のみではない。何らかの仮説（すなわち語りたいこと）がなければ、実験計画は立てられないのは科学研究も同様である。もちろん、統計分析も「これとこれに差があるのではないか」「これとこれに関係があるのではないか」という仮説がなければ、分析方法や変数の選択は不可能である。

　教育研究のおもしろさは、その仮説が教師・生徒としての日常経験から作られる部分が大きいことである。逆に言えば、自分自身が何を語りたいかが無ければどうしようもない。

　意外なことかもしれないが、実証的研究においては調査が終了した段階で全研究の70〜90%は終えている。時には、九分九厘終わっている場合もある。それは計画の段階で、その分析を予期し、その結果も予想しなければならないからである。筆者の場合、計画終了以前に、論文のほぼすべてを書き終わっている場合が多い。表も書いており（すなわち縦の欄の名称、横の欄

の名称も決定している)、残っているのは表の実測値とその検定結果のみである。

　もちろん、調査の結果が自身の予想したものと異なる場合もある。その場合は、結果に基づいて再度検討しなければならない。多くの場合、自身の最初に予想したものよりも、より一般的で、より教育的に価値の高い結論になる。そして、計画終了後に、すでに書いた論文を大幅に改定する必要がある。しかし、その場合であっても計画終了前に論文の大部分を書いておくことは、再検討においても有効である。

第 2 部

分　析

第 1 章　統計分析における注意

　筆者が修士論文を作成した時代は、統計分析は手計算によって行われた。その後は、大型コンピュータによって分析するようになったが、その場合もプログラムを自作しなければならなかった。この場合、自分が行っている分析がいかなるものかを理解しなければ、分析自体ができない。しかし現在、統計分析をするためのパソコン用ソフトを安価に手に入れることが可能となった。そのため、自分が行っている分析が何をしているかを理解しなくとも、コンピュータは分析し、それなりに見える結果を出してくれる。そのため、明らかな分析の誤りが生じるため、現状のようなブラックボックス的な統計分析の問題が指摘される場合がある。

　しかし、筆者は数十年前のように、統計分析の理論的背景を理解しなければ、分析できないという状態がよい状態とは思っていない。統計を組織的に学ぼうとした場合、解析学や線形代数も学ばなければならない。しかし、大学教育において、それらが標準的なカリキュラムに含まれるのは理系学部の一部にすぎない。さらに、仮に学んだとしても、それらは以下で述べる間隔尺度・比例尺度に対する分析方法で、教育で扱う分析とは異なる。統計分析はある程度ブラックボックスでもかまわないと、筆者は考えている。統計分析を組織的に学ぶためにかかる時間を、別な面に振り分ける方が生産的だと思われる。そのため、本書においては類書にある統計分析の詳細の式は割愛している。しかし、統計分析を行うにあたって、いくつかの点は注意を要する。それについて、以下で一つひとつ説明したい。その前に、分析全般に関わる三つの注意点を述べたい。

　第一は、本当によい研究に統計分析は必要がない。仮に、従来の指導方法では 40 人のクラスで、一人も理解できなかったのに、改良した指導方法では全員が理解できたとしよう。このような場合、わざわざ統計分析をする必

要はない。むしろ蛇足といえる。統計分析をする暇があったら、その指導方法を正確に記載することが第一である。ところが、前に述べたように、人間の能力にはそれほど違いがない。そんな劇的な指導法はまずない。だいたいの研究は、従来40人中20人がわかったが、新たな指導法で40人中27人がわかったという程度のものである。そのような差が、偶然なのか必然なのかを議論するとき、統計は一般に認められた説得の方法を提供する。すなわち、統計分析は「その程度の研究であるから、やらざるを得ない」という謙虚な立場で見るべきである。統計分析がなければだめだとか、統計分析があるから優れた研究だというのは誤りである。もちろん、40人中20人と40人中27人程度の差にもかかわらず、統計分析が不要であるという主張は、強弁であることは言うまでもない。もちろん、高度な統計分析を伴った研究を否定するわけではない。筆者が強調したいのは、高度な統計分析を行わなくてもできる、教育上重要な研究は数多く残されているということである。

　第二は、自分自身の直感を超える分析は避ける。例えば、多変量分析をイメージするためには理学部の数学（具体的には線形代数の固有値）を理解することは必要である。先に述べたように、背景となる理論をすべて理解しなければ、その分析を使うべきではないとは考えていない。しかし、分析を行った後には、その結果の意味するところを説明しなければならない。例えば、「×××（何か難しそうな言葉を入れてほしい）分析の結果、○○○＝12.3であった」という部分はコンピュータが出してくれる。しかし、その12.3が何であり、さらに、それが教育に関してどのような意味を持っているのかを説明できなければならない。仮に、分析の後、その結果を平易な言葉に置き換えられなければ、その分析は使わない方が賢明であろう。逆に、統計分析の本を読む際には、「この分析の結果は、簡単いえば@@ということを意味するんだな」と言えることを目的とすべきであろう。

　第三は、統計分析は見たいものを見せることができるにすぎない。統計の初心者が持つ誤解の一つは、統計分析によって自分自身が気づかない「大宇宙の真理」に気づくことができるという誤解である。しかし、本当は、統計分析は自分自身が知っていること、感じていること（時には確信しているこ

と）を他の人に伝えるための説得の手段にすぎない。

　手近にあるデータをさまざまに組み合わせ、とにかく分析してみるというのは、よくある間違いである。筆者もこの種の依頼をよく受けるが、その場合は何も言わずに分析し、その分析結果を渡すことにする。仮に 20 の質問項目（例えば、「あなたはリンゴが好きですか？」「あなたは肉料理が好きですか？」）があった場合、その全組み合わせ（リンゴと肉ではどちらが好かれているか、または、リンゴ好きと肉好きに関連はあるか等）は 1,560 となる。それを男女別に分析した場合、全体、男子、女子に分けて分析する必要がある。結果として 4,680 の分析結果になる。さらに、学年別にすれば、4680 ×学年数の分析が必要となる。コンピュータが印刷した結果のみでも、数十センチの厚さになる。その結果を依頼者に渡すと呆然とする。その後で、先に述べた「統計分析は自分自身が知っていることを説明するための手段にすぎない」ことを説明し、何を語りたいかを話し合う。

第2章 尺　度

　同じ数字であっても、その数字が持つ情報の質は多様である。この質のことを尺度という。仮に、ある数値とある数値（例えば、理科に対する興味・関心の度合いと、理科の成績）の間に関連があることを証明しようとする。分析する数値の尺度によって、ピアソンの相関係数、スピアマンの相関係数、ケンドールの相関係数、ϕ係数のいずれかを選択しなければならない。ある尺度に不適切な分析を適用すれば、結論を誤る可能性が高い。しかし、この種の誤用は学会発表において少なからず見られる。

　尺度には、名義尺度、順序尺度、間隔尺度、比例尺度の四種類がある。

　名義尺度とは、その名の通り、名称を数字に置き換えた数値を指す。例えば、遠足でのおやつを決めるため、クラスの中で一番好かれる果物を調べるアンケートを想定しよう。後のデータ入力のために、各果物に番号を振り、その番号で回答を求める。番号の振り分けは、「リンゴ」-1、「ミカン」-2、「モモ」-3とする。1クラス40人中、リンゴを一番好きな子は20人で、モモを一番好きな子は20人で、ミカンが一番好きな子は0人だったとする。データとしては、1, 1, 1, 1, 1, 1, 1, 1, 1, 1, 1, 1, 1, 1, 1, 1, 1, 1, 1, 1, 3, 3, 3, 3, 3, 3, 3, 3, 3, 3, 3, 3, 3, 3, 3, 3, 3, 3, 3, 3となる。このようなデータを得たとき、平均値を出すことが多いが、先の結果の平均値は2となる。しかし、このクラスは平均的にはミカンが好きだと結論することは、明らかに誤りである。コンピュータは尺度の判断はできない。そのため、名義尺度のデータの平均値を出すことは可能である。この点はコンピュータをブラックボックスにする危険性の一つである。このような名義尺度データの場合、数字の形をしているが、あくまでも名前の代わりにすぎない。この尺度の場合は、加減乗除が不可能である。例えば、リンゴ＋ミカン＝1＋2＝3＝モモなどという計算は不可能である。また、リンゴ×2＝1×2＝2＝ミカンという計算も不可能で

ある。したがって、加減乗除が複雑に絡まった計算が必要な分析は不可能である。

先と同様に、遠足でのおやつを決めるため、クラスの中で一番好かれる果物を調べるアンケートを想定しよう。回答番号の振り分けは先と同様に、「リンゴ」-1、「ミカン」-2、「モモ」-3とする。クラス21人のうち11人は果物に特別の好物はないが、三つのうちのどれかと言えばリンゴだったとする。残りの10人はミカンが際だって大好きであったとする。この場合はミカンを遠足のおやつにすることが順当であろう。しかし、先のような名義尺度の調査では、1, 1, 1, 1, 1, 1, 1, 1, 1, 1, 1, 2, 2, 2, 2, 2, 2, 2, 2, 2, 2 という結果となる。結果としてはリンゴがおやつに選択される。順序尺度とは、このようなことに対応するため、順序情報を持たせた数値を指す。例えば、「大好き」を1、「好き」を2、「どちらでもない」を3、「嫌い」を4、「大嫌い」を5とする。そして、リンゴ、ミカン、モモを評定した結果、リンゴが1、ミカンが2、モモが3であったとする。この結果から、この人はリンゴが一番好きで、次がミカン、最後がモモであることがわかる。しかし、リンゴとミカンの値の差1（すなわち2-1）が、ミカンとモモの値の差1（すなわち3-2）と同じだからといって、それぞれの好きの度合いの差が同じことを意味しない。したがって、順序尺度においても名義尺度と同様に加減乗除は不可能である。この順序尺度の集計・分析方法に関しては第2部第3章において述べる。

段階数の少ない順序尺度と名義尺度の差は明確でない。例えば、「ある問題が解けた／解けない」は、理解の度合いを示す順序尺度と見ることができる。また「あることが好き／嫌い」は興味・関心の度合いを示す順序尺度と見ることができる。しかし、2段階の場合は名義尺度として分析されることが多い。しかし、順序尺度で分析される場合もあり、また、以下で述べる間隔尺度として分析される場合もある。

我々が一般に計算する数値には、間隔尺度と比例尺度が含まれる。長さ、時間、重さ、また、密度、速度などは比例尺度と呼ばれる。それに対して、教育で一般に扱われる数値、例えばテストの点、好嫌度、知能指数等はすべて間隔尺度である。両者の違いは、数学的には0元（すなわちどう測っても

0となる値）が存在するか否かによって決定される。

　例えば比例尺度の水の重さは、それが存在しなければ、どのような計り方（上皿天秤、電子天秤、バネばかり等）をしても0gとなる。ところが、間隔尺度のテスト点数の場合は、計り方によって0にもなり、0以外になる。例えば、中学生に大学入試問題の数学を解答させた場合、その点数は0点となる。しかし、その中学生に数学の学力がまったくないことを意味しない。中学校の数学の問題を解かせれば、それなりの点数はとれる。また、小学校低学年の算数の問題を解かせれば100点となる。

　数学的には0元が存在しないと乗除はできない。したがって、厳密に言えばテストの点数などの間隔尺度はかけ算、わり算はできない。さらに厳密に言えば、テストの点数は間隔尺度でさえない。例えば、40点の学習者と0点の学習者の学力差が、80点の学習者と40点の学習者の学力差と常に同じではない。したがって、足し算、引き算ができるかも疑問となる。しかし実際には、点数に充分な段階が存在し、各問題の難易度に極端な差が無い限りは間隔尺度と判断される。そして、分析においては、比例尺度と同じに、加減乗除の四則演算が許されている。

　上記のように、テストの点数などの教育で扱われる数値を加減乗除のできると考えるのにはある程度の無理を含んでいる。それゆえに教育で扱われる数値は、順序尺度や名義尺度として扱う方が安全である。例えば、100であるか101になったかを議論するのではないならば、多い／少ないの順序尺度、ある／ないの名義尺度で分析し、考察もそれにとどめる方がよい。しかし、各数値をどの尺度として扱うかは、最終的な判断は著者に依存している。したがって、順序尺度と一般に見られる数値であっても、間隔・比例尺度として分析される場合もある。

　分散分析等の教育／心理で扱われる分析の多くは、加減乗除が可能であることだけではなく、正規性（分析する対象、例えばテストの点数の分布が正規分布である）や等質性が保証される必要がある。しかし、教育／心理学研究において分散分析を行う場合に、分布の非正規性、分散の非等質性が問題になった場合の一般的な対処方法は「なにもしない」方法が採られる。その

ため、正規性や等質性が問題になるのは、それ自体（即ち正規性、等質性）に興味がある以外はほとんど行われない。なぜなら、分散分析法が、分布の非正規性や分散の非等質性に対して「頑強である」（あまり異なる結果を出さない）ことが知られているからである（例えば岩原　1965、250-252）。ただし、この検定を用いることのできない場合が二つある（田中　1992、2006）。一つは、データの分布が一つの山以上ある場合である。

男子の身長の分布は正規分布である。女子の身長の分布も正規分布である。しかし、両者を含む全体の分布はふた山になる可能性がある。このように、計りたい特質に関して明らかに異質な集団を含む場合は、山の数が2つ以上の分布となる。このような変形であるが、教育において注意しなければならない分布に、天井効果を起こした分布がある。例えば、比較的簡単なテストを実施した場合、次のような分布になる。このような分布は一山であるが、左右非対称である。この場合も間隔尺度の諸分析は使用できない。同様に、テスト問題が難しすぎる場合は、分布が0点付近に集まり左右非対称となる。この場合も先と同様である。

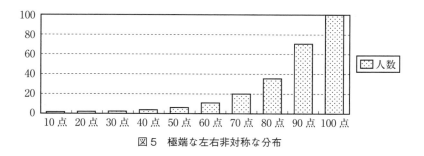

図5　極端な左右非対称な分布

しかし、上記のような極端な分布でない限りは、間隔尺度の諸分析は使用できる。しかし、佐藤、小西らの以下の助言は心に留めておくことを薦めたい。

　　ここで少々大胆に結論を申し上げるならば、t検定および分散分析（筆者注：間隔尺度の分析法）を行う場合、実際上、正規性について気にする必要は無い、

ということになります。しかし、だからといって正規性のことをすべて頭からぬぐいさってしまうのは考えものです。論文の査読者（筆者注：論文を読み、その記述の正確さや価値を判断する人）には「正規性」にいまだ強い信念をお持ちの人も多いようですので、正規性について何も言及せずにパラメトリックテスト（筆者注：間隔尺度の分析法）を行ったならば、彼らの格好の餌食にもなりかねません。このようなことをさけるがために、最近ではサンプルが少数例の場合には最初からノンパラメトリックテスト（筆者注：名義尺度・順序尺度の分析）を行う傾向があるようですが、皆さんはどちらを選びますか？」（佐藤、小西　1994、27-28）。

　しかし同時に、彼らは間隔尺度の分析は「微妙な差を出しやすい」「実際に正規性等は無視できる」「分析方法が多様である」という点をあげ間隔尺度の分析を薦めている。しかし、筆者は以下の理由から名義尺度による分析を薦める。

　人間の反応には揺らぎの部分が大きい、そのため間隔尺度で扱った場合、かえって差が見えないことが多い。この場合は、第2部第3章で述べる方法によって、適切なカテゴリー化を行い、名義尺度の分析を行った方が差が出やすい。さらに、名義尺度の分析の多くは、きわめて単純な仮定によって構成されている。したがって、その理論を理解しようとした場合も、必要となる数学的素養は中学校・高等学校程度の確率で充分である。また、結果の解釈も理解しやすいという利点を持つ。間隔尺度の分析は多様であるため、多様な分析ができる。しかし、分析が終わった後で、それらの分析結果が何を意味するかを書く段階になると、何も書けないという状態に陥りがちである。

第3章 カテゴリー化

改良型の指導法を1、2組で実施し、従来型の指導法を3、4組で実施したとする。それに対して5つの選択肢を用いた評価問題を解答させたとする。この結果を表にまとめた結果、仮に以下のようになったとする。

表3 生データをそのまま使った表

	選択肢1	選択肢2	選択肢3	選択肢4	選択肢5
1組	1人	6人	24人	5人	2人
2組	2人	7人	22人	6人	3人
3組	2人	12人	10人	4人	9人
4組	1人	14人	9人	4人	9人

初心者がおかす典型的な誤りの一つに、データを生のままで使うというものがある。具体的には、以上の表に対して統計分析を行おうとする。この表を分析（以下で述べるカイ二乗検定）すると、統計的に有意であるという結果を得る。しかし、その結果が意味するところが不明確である。例えば、この表のようなクラス別の集計では、改良型と従来型の差が分かりにくい。改良した指導法の有効性を示したいのであるならば、1組と2組をまとめた改良型と、3組と4組をまとめた従来型にまとめる必要がある。

表4 改良型／従来型でまとめた表

	選択肢1	選択肢2	選択肢3	選択肢4	選択肢5
改良型	3人	13人	46人	11人	5人
従来型	3人	26人	19人	8人	18人

この表によって、どの選択肢が多い（少ない）ため、改良型と従来型の差が見られたのかが分かる[5]。しかし、正答者の増加のみに着目するならば、さらに表は集約される。仮に、選択肢3が正解であるならば、選択肢3とそれ以外に分類する。

表5　主張のある表

	正解	誤答
改良型	46人	32人
従来型	19人	55人

　この表を分析（以下で述べるカイ二乗検定）すると、統計的に有意であるという結果を得る。この表であるならば、統計的に有意であるとは、改良型によって正答者が増加することを意味していることは明確である。しかし、正解／誤答に分類できない場合がある。例えば、「好きな生き物は？」という質問に対する回答には、「ユリが好き」「バラが好き」「イヌが好き」「虫が好き」などの回答が考えられる。このような好嫌に関わる場合には、正解／不正解はない。この場合は、「動物が好き」「植物が好き」等のように分類することが考えられる。なお、正解／誤答に分類できる場合は「解答」と呼び、正解／誤答がない場合は「回答」と呼ぶ。
　このように分析が何を意味するかを明確にするためには、生のデータを再分類する必要がある。できれば上記のような2×2の表が望ましい。多くとも、2×3、3×3程度が限界である。さらに、3つに分類する場合は、その3つのカテゴリーには、何らかの順序性（例えば中学校1年、2年、3年のような）がある場合に限った方が望ましい。
　なお、分類の方法は「正解、不正解」に限られない。調査者の目的に依存する。この分類はその調査の目標に対応しなければならない。例をあげて説明しよう。今、理科が好きか・嫌いかを調査し、男女別に分けた結果が以下

---

5)　統計的に見る方法として残差分析がある（田中　2006）。

の結果であったとする。

表6　好き嫌いの生データの表

	大好き	好き	どちらでもない	嫌い	大嫌い
男子	33.3%	0%	33.3%	0%	33.3%
女子	0%	50%	0%	50%	0%

このような結果を得たとき、男女いずれが理科好きと言えるであろうか。仮に、その調査の目標が、「理科を積極的に好きになってほしい」である場合は、「大好き」と「好き」をまとめ、その他を一つにまとめる。結果として、以下のような表にまとめられる。

表7　「理科を積極的に好きになってほしい」に着目した表

	好き	好きでない
男子	33.3%	66.7%
女子	50%	50%

この場合は、女子の方が理科好きと判断できる。一方、その調査の目標が「理科を嫌いであってほしくない」である場合は、「大好き」と「好き」と「どちらでもない」をまとめ、その他を一つにまとめる。結果として、以下のような表にまとめられる。

表8　「理科を嫌いであってほしくない」に着目した表

	嫌いでない	嫌い
男子	66.7%	33.3%
女子	50%	50%

この表の場合は、男子の方が理科好きであると判断できる。また、その調査の目標が「理科を大好きであってほしい」である場合は、「大好き」と「大好き」以外の二つにまとめる。結果として、以下のような表にまとめられる。

表9 「理科を大好きであってほしい」に着目した表

	大好き	大好きではない
男子	33.3%	66.7%
女子	0%	100%

　この表の場合、男子の方が理科好きであると判断できる。いずれのまとめ方が正しい／誤りというわけではなく、教育目標に依存する。
　下の図はある問題に関する正答率のグラフだとする。さて、このグラフから何が言えるあろうか。または、このグラフは何を主張しているだろうか。

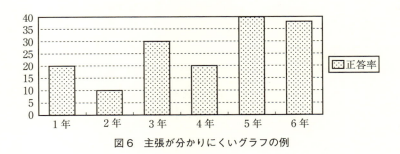

図6　主張が分かりにくいグラフの例

　このグラフを見ると直感的には、学年進行と共に正答率が増加しているように見える。しかし、1年から2年、3年から4年、5年から6年にかけて正答率が減少しているため、一概にそのようにいえるわけではない。このような図は主張がない図である。仮に、学年変化に伴って増加することをいいたい場合、このような図表では1年から2年、3年から4年、5年から6年の低下の理由をいわねばならない。
　この図を主張のある図に変えてみるために、1年と2年の結果を低学年、3年と4年の結果を中学年、5年と6年の結果を高学年としてまとめると以下のようになる。この図の場合は、一目で学年進行と共に正答率が増加していることが明瞭である。

64　第2部　分析

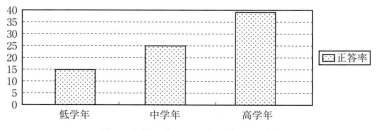

図7　主張の分かりやすいグラフの例

　さらに、問題に関する単元が5年生にあり、その単元以降に正答率が上昇するということを主張するならば、1年～4年の結果をまとめ、5年と6年の結果をまとめると以下のようになる。この図が何を主張しているのかは明瞭である。

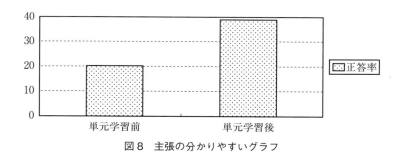

図8　主張の分かりやすいグラフ

　このような学年のまとめ方は不自然であるという意見もあろう。しかし、そうであるならば学年ごとにまとめること自体不自然である。同じ学年の中には4月生まれの学習者がいる一方、翌年の3月生まれの学習者もおり、実年齢として1年という開きがある。個々人の学習環境等も多様である。それを学年ごとにまとめるということは、無意識にそれらがまとめられるという仮定をおいている。どのようにまとめるかは、書き手の主張に基づくものである。

　以上の場合は、学年別、性別、指導法別という1要因の分析である。しかし、分析にあまりなれていない人は、この1要因におとすことができにく

い。例えば、学年別（低学年、中学年、高学年）、性別（男子、女子）、指導法別（改良型、従来型）のように、上記の方法で集約したとしても、3×2×2の12の集団に分類できる。もし、この12の集団のすべてに関して検定分析を行った場合（12×11）／2の66の組み合わせとなる。分析自体はコンピュータが行うので簡単である。問題は、この66の組み合わせのデータを集約し、何らかのまとまった論旨にすることはかなり困難である。結果として、『「◎◎と＊＊には統計的に有意な差がありました」「＋＋と－＊には統計的に有意な差はない」…』という結果の羅列を書くことになる。このような場合は、見たい要因以外は無視して分析する。具体的には指導法の差を見たい場合は、学年や性を無視し、改良型指導法を受けた学習者全員と、従来型指導法を受けた学習者全員を検定するのである。もちろん、このような分析は、先に述べたように、比較する両者に含まれる性分布や学年分布に大きな差がないことが前提である。もし、分析において差がなければ、学年別、性別の差の検定は行わない。

　以上のように図表をどのようにまとめるかは、筆者の主張、資料性、またそのようなまとめ方に妥当性があるか等によって総合的に決められる必要がある。しかし、読者に筆者の主張が伝わりやすくすることの重要性は心に留める必要があろう。

第 4 章　危険率・有意水準

　あなたが新しい授業方法を開発したとする。その授業方法が従来の方法に比べてよい授業だと証明するためにはどうすればよいであろうか。基本的は、従来の方法で実施した場合の結果と、改良した授業方法で実施した場合の結果を比較する。仮に、従来型授業では40人中一人もできないのに、改良型授業では40人中40人ができた場合、改良型授業の有効性をかなり自信を持って判断できる。逆に、従来型授業で40人中20人ができ、改良型授業で40人中20人、または、40人中19人しかできないならば、改良型授業が優れているとは言えないと自信を持って判断できる。それでは、従来型授業で40人中20人できて、改良型授業で40人中21人できた場合は、改良型授業が有効だと自信を持って言えるであろうか。また改良型授業で40人中25人できた場合は、改良型授業が有効だと自信を持って言えるであろうか。

　このような判断をするには、検定という方法を用いる。検定では一定の方式に従って確率計算を行い、その結果から、差があった（もしくは一方の方が有効であった）と判断する。しかし、確率計算であるので、差があったと判断できたとしても、それが間違い（すなわち差がない）という可能性も否定できない。例えば、サイコロを投げて「1」が3回連続して出ることは珍しい。

　仮に「1」が5回連続して出た場合、そのサイコロは何かおかしいのではと疑うだろう。さらに、「1」が10回連続した場合、その疑いは確信となる。しかし、絶対にそのサイコロがおかしいと断言できない。$(1/6)^{10}$の確率で、偶然に「1」が10回連続して出る。したがって、おかしいと断言した場合、$(1/6)^{10}$の確率で誤る危険性がある。

　検定では、その判断の確からしさ（蓋然性）を危険率、または有意水準で表し、一般にパーセントで記述する。この危険率は、差があったと判断し

た場合、誤る確率である。教育・心理学の場合は一般に5%をその基準とし、それ以下である場合には差があったと判断する[6]。

危険率・有意水準で注意すべきことは、それ自体は差の大きさを示すものではないということである。具体的には、危険率1%の差と危険率5%の差を比べて、危険率1%の差の方が大きいというわけではない。例えば、表10では従来型授業に比べて、改良型授業の方が10%できる学習者が多い。この差を口述する直接確率計算という検定で分析すると、危険率は5.6%となる。すなわち、本来、両授業では差がないのに、たまたま表10のような差が生じることは5.6%(すなわち20回に1回以上)の確率でおこる。したがって、教育学や心理学においては差があるとは言えない。

表10　10%の違いが出た例（その1）

	できた学習者	できない学習者
従来型授業	100人	100人
改良型授業	120人	80人

次に表11を見てほしい。この例も先と同様に従来型授業に比べて、改良型授業の方が10%できる学習者が多い。この差を先と同様に、第2部第5章第2節で述べる直接確率計算で分析すると危険率0.7%となる。したがって、改良型授業の方が有効であると判断できる。

表11　10%の違いが出た例（その2）

	できた学習者	できない学習者
従来型授業	20人	180人
改良型授業	40人	160人

---

[6] なぜ5%が基準となっているは、慣習以上の意味はない。したがって、分野によっては1%が基準である場合もある。

次に表12を見てほしい。この例も先と同様に従来型授業に比べて、改良型授業の方が10%できる学習者が多い。この差を先と同様に、直接確率計算で分析すると危険率0.1%となる。したがって、改良型授業の方が有効であると判断できる。

表12　10%の違いが出た例（その3）

	できた学習者	できない学習者
従来型授業	10人	190人
改良型授業	30人	170人

同じ10%の違いであるにもかかわらず、危険率は変化する。それでは、表12の結果は表11の結果より差があり、表11の結果は表10の結果より差があるであろうか。このようなことがおこるのは、直接確率計算の計算式の特質に由来する。統計分析によって出される危険率が、実質差と必ずしも一致しないのは、直接確率計算のみではない。このように危険率は直感と必ずしも一致しない場合がある。その時重視すべきなのは、明らかに直感である。

以下のように、一つの論文に危険率5%で議論して、別な部分では危険率1%で議論する場合がある。

> 例：5年生と6年生との間には危険率5%で統計的な差が見られた。一方、男女の間には危険率1%で統計的な差が見られた。

この記述は、先に述べた危険率を差の大きさの指標と考えているために起こる記述である。しかし、危険率は議論を進める上で、筆者がどのような判断基準を設定したかを示すものである。ある部分では5%で、別な部分では1%であった場合、判断の基準が随意的と疑われかねない。すなわち、筆者の都合によって基準を変えていると疑われる。したがって、先の例は以下のように直さなければならない。

判断基準を1%とするならば、5年生と6年生の間はその基準を満たさない。したがって、以下のようになる。

> 例：5年生と6年生との間には危険率1%で統計的な差は見られなかった。一方、男女の間には危険率1%で統計的な差が見られた。

もしくは、判断基準を5%とするならば、男女差の危険率は1%であるから、当然、5%の基準を満たす。したがって、以下のようになる。

> 例：5年生と6年生との間、及び男女には危険率5%で統計的な差が見られた。

いずれを選ぶかは、「5年生と6年生の差の大きさ」「最終的に言いたいこと」「その研究分野での習慣」に依存する。なお、以上のように連続した部分で危険率の水準を変えるという極端な例の他に、同一論文の離れたページにある複数の分析において、別な水準を設定する場合がある。この場合は、少なくとも一つの論文中では、1つの水準に統一しなければならない[7]。

第2部第6章で述べるが、二つの変数の間に何らかの関係があるかは相関係数でもとめる。仮に、両変数が完全に一致した場合は+1となり、両変数が完全に逆転している場合-1となる。そして、両変数の間に関連がない場合は0となる。理系の計算においてもこの相関係数が用いられる。その場合は相関係数が絶対値0.6以上の場合は強い相関と判断される。絶対値0.4程度で相関があると判断される。したがって、相関係数0.2は弱い相関にすぎない。しかし、一方、人間行動に関して相関係数分析をした場合、相関係数が0.2以上であることは極めて稀である。0.1あれば教師の目から見て何らかの関連を感じとれる。しかし、0.1や0.2という相関係数は、理系などの

---

[7] 表中に「＊5%、＊＊1%」等のように、複数の水準を表記する場合は実際に多い。しかし、先と同様な理由から避ける方が望ましい。ただし、これに関しては、筆者の趣味のレベルである。

目から見ると弱い相関か無相関に見える。

　この場合は、直接に相関係数を出すのではなく、相関係数の検定をおこない、その危険率を記述する方が直感に一致する。相関係数 0.2 であれば危険率 5% の水準は充分クリアーできるため、危険率によって結果を記述することによって、直感と統計分析の結果のギャップを埋めることが可能となる。また相関係数を記述することによる混乱を避けることができる。

　なお、危険率を算定する方法には両側検定と片側検定の二種類がある。初心者の場合、この両者を意識することはほとんどない。しかし、何かのきっかけで出会ったときにまごつきがちである。この両者の違いに関しては統計の専門書を参考にしてほしい。しかし、よほどの理由がない限り両側検定を使うことを薦める。両側検定は片側検定に比べて、統計的に厳しい基準を設定している。したがって、両側検定で分析した場合は、「なぜ、両側検定なのか？」と問われることはまず無い。しかし、片側検定で分析した場合は、「なぜ、片側検定なのか？」と問われる。なお、一般の統計分析プログラムの場合、特に何もしなければ両側検定で危険率を算出している。したがって、普通の場合は、両側検定と片側検定を意識することはほとんどないだろう。

第5章 検 定

第1節 カイ二乗検定

　二つの集団間に違いがあるか、違いがないかを統計的に言うために検定という方法がある。例えば、新たな指導法を開発し、その有効性を証明するとする。さらに、その有効性を一定のテストで評価するとする。仮に以下のような結果であれば、疑いもなく新たな指導法が有効である。

表13　新たな指導法が明らかに有効な結果の表

	問題を解けた	問題を解けない
従来の指導法	0人	100人
新たな指導法	100人	0人

　以下のような結果の場合、確かに新たな指導法の方が、問題が解けた学習者の数が多い。しかし、その差は一人で、たまたま新たな指導法を受けた集団の中に優秀な学習者が多かった可能性を否定できない。

表14　新たな指導法が有効であるか分からない結果の表（その1）

	問題を解けた	問題を解けない
従来の指導法	50人	50人
新たな指導法	51人	49人

　以下のような結果の場合、新たな指導法の方が、問題が解けた学習者の数が多い。その差は10人で、先の例よりも多く、意味ある差のように見える。しかし、偶然でないと言い切れるわけではない。それでは差が12人ならば意味ある差といえるだろうか。その差が15人、20人ならば十分であるか。

表15　新たな指導法が有効であるか分からない結果の表（その2）

	問題を解けた	問題を解けない
従来の指導法	45人	55人
新たな指導法	55人	45人

　このような場合、用いられる統計方法に χ^2 検定[8]がある。この χ^2 検定の考え方を簡単に説明しよう。

　ある学校の全校生徒は200人で、男子が50%、女子が50%であったとする。その学校の生徒の血液型を見ると50%がA型で、残りの50%が非A型（B型、AB型、O型）であったとする。その場合、A型男子の人数が何人であろうか。

　全体の1／2が男子で、1／2がA型であるのだから、だいたい1／4（したがって50人）がA型男子だと予想される。クロス表にまとめると以下のようになる。もちろん、実際の人数はこの表と完全に一致するわけではなく、多少の違いはある。しかし、ほぼ以下の表に近いはずである。このような計算ができるのは、性別と血液型が独立の事象であるためである。独立の事象の場合、複合した事象の出現確率は、それぞれの出現確率の積となる。独立事象ということは、血液型の割合は性差がないことを意味する。

表16　血液型と性差が無かった場合の理想的な結果の表

	A型　100名	非A型　100名
男子　100名	50人	50人
女子　100名	50人	50人

　次に、その学校では50%の生徒がセーラー服を着て、残りの50%はセーラー服を着ていなかったとする。先と同じ計算を行えば結果は以下のようになる。

---

[8]　「χ」はギリシャ文字のカイで、英語のエックスではない。形は似ているが、異なる文字である。

表17 セーラー服の着用に性差が無かった場合の理想的な結果の表

	セーラー服	非セーラー服
男子 100名	50人	50人
女子 100名	50人	50人

しかし、男子がセーラー服を着ることはないので、実際は以下のようになる。以下の結果のように、独立事象であった場合の値との違いが大きいとき、男子と女子は差があるといえる。

表18 実際のセーラー服着用に関する結果の表

	セーラー服	非セーラー服
男子 100名	0人	100人
女子 100名	100人	0人

ここで先にあげた指導法比較の例を検討しよう。この場合、問題を解けた人は100名で50%、問題を解けない人は100名で50%である。仮に問題が解ける、解けないが指導法と無関係であれば、以下のようになる。

表19 指導法によって正答率が変わらない場合の理想的な結果の表

	問題を解けた	問題を解けない
従来の指導法 100名	50人	50人
新たな指導法 100名	50人	50人

この値を期待値として、以下の表で示される実際の値との差を計算するのがカイ二乗検定である。すなわち、本当は上の表で示される値（すなわち指導法の影響は無い）の場合にもかかわらず、偶然に下の表で示されるような

表20 実際の結果の例

	問題を解けた	問題を解けない
従来の指導法	45人	55人
新たな指導法	55人	45人

結果を得る可能性（もしくは確率）を算出するための値を、カイ二乗検定で出す。この値をカイ二乗値と呼ぶ。

統計分析プログラムで分析する場合は意識する必要はないので、カイ二乗検定の計算方法は割愛する。どうしても知りたい場合は、統計の本に書かれてあるが中学校程度の単純な計算式である。ちなみに上記の例の場合、カイ二乗値は2となる。

このカイ二乗値はマスの数（先の例は4個の数値が入ったマスで構成される）が多くなるほど、大きくなる傾向がある。したがって、同じカイ二乗値であっても、計算に使用したマスの数によって意味合いが違う。このことを修正するために自由度（df）という指標を用いる。自由度は、（縦の行数−1）×（横の列数−1）で計算できる[9]。したがって、2行2列の先の例は、自由度は1となる。自由度1の場合は、3.84（この値の一覧表は統計の専門書の最後に付録としてついている）以上ある時、危険率5%で統計的に違いがあるといえる。したがって、先の例の場合のカイ二乗値は2であるので、従来の指導法と、新たな指導法は違うとは言い切れない。

以上のカイ二乗検定は名義尺度に対する検定である。教育の場合は、結果は名義尺度である場合が多い。また、間隔・比例尺度であっても、名義尺度として扱う場合が多いので、カイ二乗検定はよく用いられる検定方法である。しかし、カイ二乗検定はデータの数（被験者の数）が少ない場合、用いられないと言う欠点がある。仮に、マスの中にサンプル数5以下（例えば、従来の指導方法で問題を解けた学習者が4人だけの場合）のマスが一つでも

---

9) ただし、縦の行数や横の列数が1の場合は、1−1で0となるのではなく1となる。また、この計算式はN×Mのような2次元クロス表の自由度の計算方法である。L×N×Mのような3次元のクロス表やそれ以上の次元のクロス表の自由度の算出方法は複雑になる。しかし、2次元を越えるクロス表の場合、その結果の意味するところを解釈することは困難となるため、避けることが望ましい。なお、自由度はこのカイ二乗検定以外においても関係する。その分析の方法（対応のあるデータ／対応のないデータ、また、等分散を仮定するか等）を示す重要な指標であり、記述は必須である。自由度等の統計結果の記載は田中（田中　2006）に具体的に書かれているので参照してほしい。

ある場合は、イエーツの修正という補正を行わなければならない。しかし、このイエーツの修正がどれだけ有効であるかという点に関しては、意見の分かれるところである。一つの方法は、調査人数を増加させ、サンプル数5以下になることを避ける。しかし、調査人数を増やすことがきわめて困難な場合もある。実は、カイ二乗検定は次で説明する直接確率計算の簡易式である。そのため、直接確率計算で計算できるならば真正の出現確率を算出する方が安全である。この直接確率計算は、調査人数が少なくとも適用できる方法である。

第2節　直接確率計算

理科と社会のどちらが好きかと聞かれたとする。その結果、次のような結

表21　結果例（その1）

理科	同じ	社会
10	12	0

果を得たとする。

　ここで、理科と社会科の値に着目する。仮に理科と社会科の好嫌度がまったく同じで、偶然に理科、社会が選ばれた場合、その出現確率は $1/2$ である。したがって理科だけ10人選択する確率は $(1/2)^{10}$ になる。明らかに5%以下であるので、5%水準で統計的に差があるといえる。

表22　結果例（その2）

理科	同じ	社会
9	12	1

この場合は9人が理科を選ぶ確率は $(1/2)^9$、1人が社会科を選ぶ確率

は1／2である。そして、社会科を選ぶ生徒が何番目かは10通りある。したがって、確率は $(1／2)^{10} \times 10$ となる。この場合も5％水準で統計的に差があるといえる。この例は1行2列のクロス表を用いたものだが、それ以上のクロス表の場合も、以上の例のように、出現確率を直接計算する。そのため、この方法は直接確率計算[10]と呼ばれる。直接確率計算は、カイ二乗検定のように近似式ではなく真正の出現確率を出せるので、統計的に誤ることはない。また、人数の少ない場合でも適用できるという利点を持つ。一方、直接確率計算は順列、組み合わせの計算を必要とするが、そのため人数が増えるとき幾何級数的に扱う数値の大きさが増大する。そのため、コンピュータの能力と、分析プログラムの発達した最近まで計算が不可能である場合があった。したがって、人数が少ない場合は直接確率計算で計算をする。人数が多くなった場合は、カイ二乗検定で分析する。

　この直接確率計算は名義尺度の検定であるが、その他の尺度も名義尺度に変換して用いることが多い。例えば以下の例がある。

例：児童がa問題とb問題に解答するまでの時間差をみたいとする。この場合、反応時間は間隔、比例尺度であるため、一般にはt検定などを用いる。しかし、もともとの反応時間に揺らぎが大きい場合、t検定では差が出ない。この場合それぞれの時間の差を見て、＋－のサインにのみ着目する。すなわち、大小関係のみに着目する。仮に、両問題にかかる時間がまったく同じであれば、たまたまa問題にかかる時間が長い確率は1／2、逆にb問題にかかる時間が長い確率は1／2である。このデータを直接確率にもっていく。順序尺度の場合も、同様にして名義尺度に変換できる。

例：Aクラスの各学習者の反応時間と、Bクラスの各学習者の反応時間を比較し、時間差をみたいとする。この場合は、AクラスのデータとBクラスのデータをまとめ、短い順序に並べ、中央値（真ん中の値）を見いだす。その中央値より多いか少ないかで分類する。結果として、以下のような表ができる。このような表に対してカイ二乗検定や直接確率計算を行い、統計分析をする。

10）　開発者にちなんで、フィッシャーの検定と呼ばれることもある。

表23 結果例（その3）

	中央値以上	中央値以上
Aクラス	35人	6人
Bクラス	7人	35人

　尺度の時にも述べたが、教育で扱う数値は一見、間隔尺度や比例尺度に見えたとしても、真正の間隔尺度や比例尺度とは異なる。そのため、間隔尺度や比例尺度であっても名義尺度に変換し、名義尺度の検定を行う方が、結論を誤ることが少ない。

　なお、直接確率計算に関して初心者が誤りやすい例として以下のようなものがある。

表24　直接確率を誤って適用しがちな結果の表

	正答者	誤答者
改良型指導方法	82人	38人

　このような表に、先と同様の分析を行うと5％水準で統計的に有意となる。この結果から改良型指導案が有効であったと主張する場合がある。しかし、従来の指導での正答者が100％であったらどうであろうか。上記の表で統計的に有意であることの意味することは、正答者と誤答者が同数ではないことを示すにすぎない。具体的には、本当は改良型指導法での正答者も誤答者も60人の同数であるにもかかわらず、偶然に上記のようになることは5％の確率以下であることを意味しているにすぎない。改良型の指導方法の有効性を主張する場合は、従来型指導方法の結果を含んだ表に対して分析する必要がある。例えば、以下のような表のような結果を得れば、改良型指導方法の有効性は主張できる。

表25 直接確率が適用できる表

	正答者	誤答者
改良型指導方法	82人	38人
従来型指導方法	50人	70人

第6章 相関

　ある変数とある変数が一致するかしないかは検定とは異なる、相関係数によって分析する。その値は＋1〜−1の間の数値で表される。例えば、A男が大学に出席するとき、必ずB子が大学に出席し。A男が大学に欠席するとき、必ずB子が大学に欠席する場合（逆に言えば、B子が大学に出席するとき、必ずA男が大学に出席し、B子が大学に欠席するとき、必ずA男が大学を欠席する場合）は、両者の出席に関する相関係数は＋1となる。

　A男が大学に出席するとき、必ずB子が大学に欠席し。A男が大学に欠席するとき、必ずB子が大学に出席する場合（逆に言えば、B子が大学に出席するとき、必ずA男が大学に欠席し、B子が大学に欠席するとき、必ずA男が大学を出席する場合）は、両者の出席に関する相関係数は−1となる。

　以上の場合は、両者の出席／欠席行動に何らかの相関があると予想される。しかし、両者の出席／欠席の間に何らの関連がない場合は相関係数0となる。

　このような相関係数を用いなくても、検定で関係を測定できるというように感じられる場面がある。例えば、二つのクラスで、「都市部・郊外のいずれに住んでいるか」「ユリを知っているか・知らないか」を質問した。その結果、都市部にすんでいる生徒の多いクラスは、ユリを知っている生徒が多かった。

　一方、郊外に住んでいる生徒の多いクラスは、ユリを知っている生徒が少なかった。もし、この大小関係が先に述べた検定によって統計的に有意であるという結果を得たとする。このような結果から、都市部にすむほど、ユリを知っているという関係が存在するように見える。しかし、以上のように集団で分析した場合、誤った関係を考察する危険性がある。例えば、二つのクラスの結果を個人ごとに見たとき以下のような結果であったとする。

1クラス
A君　都市部在住、ユリを知らない
B君　都市部在住、ユリを知らない
C君　郊外在住、ユリを知っている
D君　郊外在住、ユリを知っている

2クラス
E君　都市部在住、ユリを知らない
F君　郊外在住、ユリを知っている
G君　郊外在住、ユリを知らない
H君　郊外在住、ユリを知らない

　集団で見たとき、都市部在住者の多い1クラスの方がユリを知っている生徒が多い。しかし、個別に見たとき、郊外在住者のほうがユリを知っているという結果になる。このように集団で見たとき、実際の関係と異なる関係が見える。このような関係を見るためには、以下のように個別に集計する必要がある。

表26　相関関係が分かる表

	ユリを知っている	ユリを知らない
都市部在住	0人	3人
郊外在住	3人	2人

　以上のような理由から、二つの変数間の関係を見るためには検定とは異なる相関係数を用いて分析する必要がある。
　「都市部在住／郊外在住」、「ユリを知っている／知らない」は先に述べた名義尺度である。このような場合は、上記のようなクロス表で集計する。それに対してテストの点数などの間隔尺度・比例尺度の場合は、以下のような図に一人ひとりのデータをプロットする。その結果、破線のような対角線付

近にデータが集中した場合、両者の間には正の相関があるといわれる。もし、すべてのデータが破線上に載る場合、最も強い相関関係がある。この場合、相関係数を計算すると1となる。

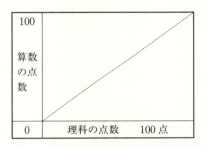

一方、以下の図の破線付近にデータが集中するとき負の相関があるとあるという。そして、すべてのデータが破線上にのる場合、最も強い負の相関がある。相関係数を計算すると−1となる。

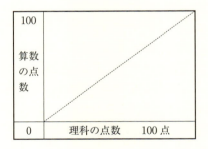

図全体にデータが散布される場合は相関がない。また破線とまったく無関係にデータが散布される場合は相関がないことを意味する。相関係数を計算すると0となる。相関係数は以上のように1〜−1の値で表記される。

間隔尺度・比例尺度の場合はピアソンの相関係数、順序尺度の場合はケンドール相関係数、スピアマンの相関係数、名義尺度の場合はϕ係数が用いられる。この際にいくつかの注意がある。まず、相関の場合は、両変数の尺度が一致しなければならない。

例えば、リンゴを好きな人ほど体重が大きいことを証明したいとする。そして、リンゴが好きか嫌いかは、「大好き－5、好き－4、どちらとも言えない－3、嫌い－2、大嫌い－1」で表すとする。この場合、体重は比例尺度、好きは順序尺度であるため、このままでは相関を求めることはできない。そこで、体重を順序尺度に変換し、順序尺度の相関係数を求める。

例えば、80kg以上を1、55kg以上80kg未満を2、45kg以上55kg未満を3、35kg以上45kg未満4、35kg未満を5と変換する。

しかし、順序尺度には、ケンドールとスピアマンという二つの相関係数がある。両者の目安としては以下の基準がある。

・順序段階が少なく、等順位が多いときケンドール
・順序段階が多く、等順位が少ないときスピアマン

例えば、三段階であった場合、数値は3種類しかない。結果として、比べる2つの変数がそれぞれ「1と1」「2と2」「3と3」のように等順位になる可能性が多い。それぞれの出現頻度が等しい場合、等順位となる確率は1／3である。一般のアンケートの場合、一つの数値に集中する傾向があるので、等順位となる確率は1／3より多い。この場合はケンドールを選択すべきである。一方、段階数が多くなると、等順位となる確率は低くなる。この場合はスピアマンを用いるべきである。なお、順序尺度であっても段階数が多い場合（7～10以上）は、順序尺度を間隔尺度と考え、ピアソンの相関係数で求めることも可能である。

相関係数を扱う場合の最大の注意点は、相関関係と因果関係は異なることである。例えば、先にあげた大学の男子学生と女子学生の例で説明しよう。仮にA男とB子の出席が一致し相関係数が高かったとする。このようなことが起こる原因としてはA男がB子を好きで、B子が大学に出席するときA男は大学に出席することが考えられる。この場合、B子の出席が原因で、A男の出席が結果である。仮に、A男を出席させようとする場合、B子を出席させればよい。しかし、B子はA男が好きで、A男が大学に出席するときB子

は大学に出席することが考えられる。この場合、A男の出席が原因で、B子の出席が結果である。このような場合、B子を出席させても、A男は出席しない。相関係数は、どちらが原因で、どちらが結果かを示すことはできない。

さらに、まったく両者の間に因果関係がなくとも、相関係数が高い場合がある。例えば、A男、B子は共に同じ学部の同じ専攻であって、そのため同じ講義をとっていたとする。その結果、両者に因果関係はないにもかかわらず、相関関係が見られることになる。すなわち相関係数では因果関係の有無は判別できない。

相関関係があったとき、両者の間に因果関係があるか、また、あったとき、どちらが原因で、どちらが結果かを判別することは困難である。一番直接的な方法は、一方の変数を操作し、他方が変化するかを見ればよい。先の例の場合、A男（もしくはB子）を意図的に出席させたり、逆に欠席させたりしたときの、B子（もしくはA男）の行動を観察すればよい。しかし、教育のように人間に関する場合、それらを変数として操作することは実際的にも倫理的にも問題が多い。したがって、直接に因果関係を確認することは難しい。結果としてできるのは、他のデータやモデルによって判別する方法である。

例えば、A男やB子の日頃の言動から、どちらがどちらを好きか（または両者は無関係か）を判別する。また、親の身長と子どもの身長のような場合は、遺伝という一つのモデルから、前者が原因で後者が結果であることが明らかである。教育の場合は、筆者が何らかの蓋然性が高いモデルを作り、そのモデルからどちらが原因で、どちらが結果かを判別する。

第7章 対応のあるデータ、ないデータ

　ある指導法の有効性を実証するためには、従来の方法と比較する必要がある。そこで、従来の指導法で指導する群（統制群）と、新たな指導法で指導する群（実験群）を設定する。それぞれの群に指導前にプレテスト、指導後にポストテストを実施し両群を比較する。図で示すと以下のよう4種類のテストを実施する。

	統制群	実験群
プレテスト	テスト1	テスト2
指導		
ポストテスト	テスト3	テスト4

　両群の比較をする方法は2通りある。一つは、テスト1とテスト2を比較し、テスト3とテスト4を比較する方法である。仮に、テスト1とテスト2を比較して、統計的に差がなければ統制群と実験群は等質となる。指導後のテストであるテスト3とテスト4で統計的に差があり、テスト4の成績がテスト3を上回れば、新たな指導法の有効性が証明できる。

　もう一つは、テスト1とテスト3を比較し、テスト2とテスト4を比較する方法である。仮に、テスト1とテスト3を比較して、統計的に差がなければ、従来の指導法の指導効果がないことが明らかにされる。一方、テスト2とテスト4で統計的に差があり、テスト4の成績がテスト2を上回れば、新たな指導法の有効性が証明できる。

　この後者の比較に関しては二通りの方法で分析できる。一つは、児童・生徒ごとに分析する方法である。この場合、A君の指導前の点数と、A君の指導後の点数が一つひとつ対応付けすることができる。一方、テスト1とテスト2の比較の場合には、このような対応付けはできない。例えば、統制群の

出席番号1番目の学習者の点数と、実験群の出席番号1番目の学習者の点数は、共に1番目である。しかし、出席番号1番目という番号付けは、一般にテストの成績と無関係（例えば50音順等によって）に作成される。この場合の対応付けには意味がない。このようなデータの場合、対応のないデータと呼ばれる。

　対応のあるデータ
　　例：指導前後の成績
　　　　a君の指導前の成績56点と指導後の成績86点
　　　　b君の指導前の成績88点と指導後の成績99点
　　　　この場合はa君の56点と86点はa君個人という面で対応している

　対応のないデータ
　　例：統制群と実験群の指導後の成績
　　　　統制群　名簿1番のg君55点、名簿2番のh君66点……
　　　　実験群　名簿1番のp君99点、名簿2番のq君52点……

　名簿は一般にアイウエオ順で編成される場合が多い。しかし、アイウエオ順と成績との関連は薄い。したがって、この場合のg君の55点とp君の99点には対応関係がなく無関係である。

　試験の成績には、「その学習者の元々の学力」「指導による影響」「テストの揺らぎ」が含まれる。指導前後の成績は以下のように表すことができる。

　　指導前の成績＝その学習者の元々の学力±テストの揺らぎ
　　指導後の成績＝その学習者の元々の学力＋指導による影響±テストの
　　　　　　　　揺らぎ

　対応のあるデータでは、個人別に指導前後の成績の差をとるので以下のようになる。

(指導後の成績 − 指導前の成績) の全員の総計
= {(a君の学力＋a君の指導による影響±テストの揺らぎ) − (a君の学力±テストの揺らぎ)} ＋ {(b君の学力＋b君の指導による影響±テストの揺らぎ) − (b君の学力±テストの揺らぎ)} ＋…＝(a君の指導による影響) ＋ (b君の指導による影響) ＋…±テストの揺らぎ

　このように、各々の学習者の学力の揺らぎを相殺することができる。対応のないデータの場合、このような相殺はできない。結果として、対応のあるデータの場合は、より検値力が高いことになる。
　対応のあるデータ分析をする場合は、対となるデータが必ず必要となる。授業前、授業後のデータを分析するとき、一方の授業を欠席した学習者がいる場合がある。この場合は、対となるデータが存在しない。これに対しての対処法は、両授業に出席した学習者のみを分析対象にすればよい。もし、欠席者が多い場合は、対応のないデータ分析法で分析する。
　データが名義尺度の場合の分析方法を説明しよう。もし、ある問題が「解

表27　集計欄の例（その1）

		授業前	
		解けた	解けない
授業後	解けた		
	解けない		

けた／解けない」というデータを得たとする。この場合は、名義尺度データである。この場合は、以下のようなクロス表に集計する。
　この集計表の左上には授業前後で解けた学習者の人数を示す。右下は授業前後で解けなかった学習者の人数を示す。両学習者とも授業前後の変化がなかった学習者である。対応のある名義尺度の分析では、これらの値は無視する。分析の対象となるのは、右上の学習者（授業前は解けなかったのに授業後は解けるようになった学習者）の人数と、左下の学習者（授業前は解けた

のに、授業後は解けなくなった学習者）の人数である。もし、前者が後者を上回っていた場合、授業効果があったと分析する。両者の検定は先に述べた直接確率計算によって行う。

表27　集計欄の例（その2）

		授業前	
		解けた	解けない
授業後	解けた	10,000	10
	解けない	0	10,000

ただし、先に述べたようにこの分析では授業前後で変化があった学習者にのみ注目する。そのため、以下のような場合でも統計的に差があるという結果を得る。

この場合は、明らかに有効な指導法とは言えない。したがって、統計的に有意であるという結果を得た場合も、直感と一致するかを再度検討する必要がある。

第8章　文献の紹介

　本書では教育研究でよくつまずく点でありながら、類書で扱われることの少ない部分を中心に書いた。そのため、類書で中心的に記載されている統計分析は割愛した。そこで、その部分に関してより学びたい方へ、筆者自身もお世話になった文献を紹介したい。

　まず、統計分析をイメージしたいというとき役に立つ本としては、大村平（大村　2005、2006）の本を推薦したい。この本は、きわめて平易な表現を用いており、また、具体的な例をあげながら解説している。厳密に議論することを目的とするのではなく、読者に基本的イメージを与えようとすることを主たる目的としている本である。なお紹介した本以外の大村氏の著作がシリーズ化しているが、他の本も参考になる。同様な本として、石村貞夫（石村　1993, 1994, 2010）の本も推薦できる。

　イメージを得た後、具体的に分析し、記載しようとした場合、さまざまな場面でつまずくことがある。このようなときには田中敏（田中敏ら1992、田中敏　2006）の本を参考にすべきであろう。これらの本は、ノウハウ本の機能を十分に持っている。著者の田中氏は多数の現職教師が院生から統計上の相談を受ける機会が多い。その関係で、実にかゆいところに手の届く本である。しかし、田中氏の本はノウハウ本にとどまらない。全編を読むことによって、教育・心理において統計とは何か、測定とは何かを学ぶことができる。

　最後に、全編を通して読むのにはかなり大変だが、辞書代わりに利用するものとして、岩原信九郎（岩原　1955）の本が適切である。岩原氏の著作は教育・心理統計の古典と言うべきで、分析適用の限界に関して不安をもったときは、この本を参考にする。

　以上の文献を最後のレファレンスに載せているので参考にしてほしい。

次に、実際に分析しようとしたとき、具体的にはどのようにすればよいかに関して述べたい。筆者自身はSPSSという統計パッケージを使っている。このソフトは大学院時代に大型コンピュータを利用して以来、愛用しているソフトである。しかし、このソフトを購入しようとした場合、数十万円が必要で、一般の方には高い買い物となる[11]。

　データが充分多い場合、カイ二乗検定は直接確率計算の近似として充分使える。カイ二乗検定は、手計算でも分析できる。t検定やF検定やピアソンの相関係数に関しては、エクセル等の表計算に分析ツールとして附属している。また、最近は安価なソフトが多く販売されている。例えば新書にCD-ROMが附属している数千円のソフトが販売されている（新村　1997）。

　また、インターネットで分析プログラムのホームページもある。この種のサービスは日進月歩である、インターネット上を検索することによって探すことができる。筆者の勤める上越教育大学大学院の現職派遣教師の方々は、上記の方法を用いて分析している。自身の予算と、使ってみたときの相性によってどの手段を用いるかを選んでほしい。ただし、第二部第1章で述べたように、自分自身で納得できる分析以外は使わない方が賢明である。ちなみに筆者自身は、因子分析等の多変量解析を用いることもある。しかし、多くの場合はクロス表の分析（直接確率計算、カイ二乗検定）、F検定、相関係数のみで充分事足りている。もちろん、高度な統計分析を伴った研究を否定するわけではない。筆者が強調したいのは、「高度な統計分析を行わなくてもよい、教育上重要な研究は数多く残されている」ということである。

11）素人が安心して統計分析を行うためには、統計分析ソフト操作方法に関して、素人でも分かる書籍が必要となる。残念ながら、このようなソフト関連書籍が対応しているソフトはそれほど多くない。spssには比較的良書が揃っている（石村　2015a, 2015b, 2017）。特に、本書では述べなかったが、多重分析は間違いやすいところであるが、この点に関して詳しい。同様なソフトとしては、SAS、StatViewがあるが、いずれも安価ではない。

第9章　質的研究に関して

　本書では、主に数値データによって分析する量的研究を中心にした。しかし、数値データをまったく扱わない質的研究という分野がある。この方法は近年、教育学全般で注目される研究である（佐藤　1992、平山　1997）。現場における実践研究なども広い意味で質的研究に含まれる。現実の教室を丹念に記録し、学習者や実践者との対話を通して、徐々に教室の実態を明らかにする研究である。そこで扱われる研究は物語に近く、数値データは重視されていない。このような研究は、学会ではきわめて少数であった。それではなぜ、従来の研究において、いわゆる質的な研究が少なかったのであろうか。従来の研究では、一般性を保証する手だてとして、本書でも紹介した統計的手法等の一定の手続きが用いられている。逆に言うと統計等の手続きがとれない場合は、研究の対象として外される傾向がある。注意すべきは、誰も人間の直感や主観が一般的でないと証明したわけではない。あくまでも、一般性を保証する一致した手続きがないにすぎない。しかし現在、質的研究に興味を持つ研究者は、人間の主観や直感は証明できないが、信じるに足るものだと考えている。質的研究者の中には、量的研究者との論争の中で「一般性や客観性なんてくそ食らえ」というような発言をする人もいる。しかし、そのような研究者も心の中では質的研究が一般的な結論を出していることは証明できないとしても、信じている。

　そもそも、量的研究であろうと、質的研究であろうと一つのモデルを示すためのレトリック（修辞）もしくは表現方法にすぎないと謙虚に考えるべきであろう。どんな研究であっても、あるものの真の姿（きわめて哲学的であるが）を明らかにはできない。我々ができるのは、あるものを理解するための方便としてのモデルを作るにすぎない。例えば現在、天気予報は大型コンピュータ上のシミュレーションによってかなり正確に予測することが可能で

ある。しかし、そのプログラムは多数の研究者がトロイの遺跡のように、付け足し、付け足ししたものであるから、そのシステム全体を理解している人が皆無という状態である。また、そのシステムが気象の真の姿を現しているわけではなく、一つのモデルを提示しているにすぎない。ただ、そのモデルに従うと天気予報が当たるという点で、有効なモデルである。

　気象現象でさえそうならば、人間の認識はさらに複雑であろう。仮に人間の認識を気象のようなプログラムで表現すれば、気の遠くなるような膨大なステップ数になる。さらに、そのプログラムはプログラムがプログラム自体を自己生成するプログラムとなるだろう。そんなプログラムを我々が理解することは不可能である。さらに、現在の人工知能の研究者は、我々が一般的に記述しているような概念的・意味的用語によって心は記述できないと考えている。簡単に言えば、我々が使う文字や図によって心を記述することはできないことを意味する。筆者も究極的には彼らの主張は正しいと考えている。しかし、現実の教育問題を解決するに、有効なモデルはあり得る。本当の心を記述していないとしても、現実を理解する道具として意味あるものである。そう考えるならば、量的研究も質的研究も表現の違いにすぎない。

　筆者の場合、なぜ質的研究に興味を持ったかといえば、第一に「統計的に証明できないが、そうだと感じる教育的知見の存在を信じている」からである。第二に「そう信じると、今まで研究の対象とできなかった、教育的に価値があると感じる現象を研究の対象として含めることができる」からである。筆者が高校現場にいて教え方に行き詰まったとき、尊敬する先輩教師の経験談を聞くことによって目が見開かれた経験が数多くある。当然、その中に統計的議論は含まれない。しかし、その一般性を強く信じることができた。一方、研究者としての筆者は、量的研究を中心に研究を進めてきた。しかし、量的研究で明らかにできる研究対象と、面白いと感じる現象とのギャップにイライラし始めてきたというのが、質的研究への模索の出発点である。

　しかし、今後、質的研究が教育研究の主流になるかといえばそれに対しては懐疑的である。例えば、従来の指導法では10%の小学生しかわからなかったのに、新しい指導法では100%の小学生がわかるようになったとする。こ

の場合には統計は不必要である。ところが、従来の指導法では50%の小学生しかわからなかったのに、新しい指導法では55%の小学生がわかるようになった場合には、本書で述べたように統計が必要である。すなわち、超一流の研究であれば、主観・直感であっても統計が云々されることはない。現在、質的研究に対する評価は10年前に比べて大きな変化があった。今後は質的研究であるというだけの理由で拒否されることはなくなるだろう。質的研究であっても、多くの人に共感を与える超一流の研究は、数は限られるが高く評価される。しかし、その他の多くの質的研究において、量的研究者と質的研究者の間で「よい研究だ」「つまらん研究だ」という論争が起こることが予想される。さらに、質的研究者同士の中でも同様な論争はおこると予想される。そして、それらの論争は、そう感じるか感じないか、そう信じるか信じないかのレベルであるから収拾はつかない[12]。この種の論争は量的研究においても存在するが、量的研究者の間では統計分析等の手続きが一種のレトリックとして定着している。そのため、議論の決着をつける手続きが存在している点が質的研究との大きな違いである。したがって、今後の質的研究が発展するためには、質的研究の最低限を保証する手続きを確立する必要がある。しかし、そのような手続きが確立することはかなり困難である。また、それを待って、手をこまねいているわけにもいかない。そこで、筆者自身は、従来の量的研究の手法に従った研究手法はとりつづけるが、従来のようにそれにとどまらずに、たとえ統計的分析ができないものであっても、積極的に取り入れ量的な研究の傍証として利用する。すなわち、量的・質的の折衷研究を行おうと思っている。このような研究の蓄積によって、質的研究における手続きが確立されるのではと考えている。

　教育研究をこれから本格的に行おうとした場合、筆者は質的研究を薦められない。その理由は質的研究がきわめて難しいためである。量的研究の場合は、本書で述べたようなさまざまな知識・技能が必要とされる。しかし、それらの手順を踏めば、それなりの説得力のある研究ができる。しかし、その

12）　最近、質的研究の評価基準に関して提案が行われた（久保田　1997）

ような手順を用いずに説得力ある質的研究をするのは、卓越した才能やセンスと経験が必要とされる[13]。残念ながら現場で行われる実践研究の多くは、数値データを使っていないという点のみで質的研究である。内容は数値データのきわめて貧弱な量的研究であるというのが現状で、結果として説得力に乏しいのが実状である。

　最も端的に現れるのはデータの遡及性である。例えば、「ある子どもがよくなりました」という結論を述べているので、なぜ、そう思ったのですかと質問した場合、明確な答えを出せる実践研究は少ない。長々と説明しているが、煎じ詰めれば「自分はそう思った」にすぎない。そして、なぜそう思ったかを、論者と共感できる生データを提示することができない。これは、仕方のないことであり、当人を責めることはできない。なぜなら、実践研究は当人自身がその実践を行っているため、実践の記録を残すことが困難になり、結果として疎かになってしまっている。そのため、そのクラス、その教師、その実践をよく知っている人のみが共感できる研究になってしまう。

　筆者は、本書で述べた量的研究から教育研究に入ることを薦める。そして、そこでの経験をふまえながら、質的研究にシフトすることが望ましいと考えている。その一つが、発話記録を量的分析の蓋然性を高める補完的な役割を果たさせる方法である。量的分析によって基本的傾向を明らかにする。そして、発話記録を併用し、その原因を明らかにする方法である。研究においては、できるだけさまざまな方法を、従来の考え方にとらわれず利用することは重要なことである。

---

13)　したがって、その才能やセンスと経験のある指導者の下では、可能となる。

第10章 それでも質的研究をやりたい人のために

　前章で述べたように、質的研究は大変であろう。しかし、今後の研究手法として筆者の研究室でも取り入れている。そこで、どうしても質的研究をしたいという人のために手がかりとして書いた[14]。

　質的研究というと何か難しげに感じるが、実は我々全員、すでに質的研究をしている。例えば我々は、日々、妻、子ども、友人、恋人、先輩、後輩、上司、部下というさまざまな関係の人たちと出会っている。その人達の意図やおかれている状況を予想し、それに基づいて行動している。おおむねその理解は正しいので人間関係が成り立っている。その予想が、量的な分析に基づいて行われることは希である。ほとんどは、観察や会話によって行われている。もちろん学問としての質的研究には方法論がある。それに関しては、関連する書籍を参照してほしい。ここでは我々自身に内在する方法論を、一歩レベルアップするための方法を書いた。筆者自身も方法論を模索している段階であるので、あくまでもメモとして読んでいただきたい。

　質的研究に関して、筆者の研究室に所属する院生（多くは現職教諭）に対して次のように説明する。

---

14)　質的研究に関する和文書籍はきわめて少なかった。しかし、近年、和文で読める質的研究方法論の本が出版されたるようになった（佐藤　1992、北沢、古賀　1997、エマーソン　1998）。質的研究の方法論の理論的背景や、ノウハウに関してはそれらの本を併せて読んでいただきたい。また、山口大学の関口研究室のホームページ（平成30年11月現在 http://www.sv.cc.yamaguchi-u.ac.jp/~ysekigch/）は、質的研究に関して分かりやすい入門コーナーを設けている（筆者としてはぜひ、本にしていただければと希望している。）。先に紹介した関口研究室のホームページには、関連文献が紹介されているのでぜひ参照してほしい。

自分の指導に行き詰まって相談したとき、先輩教師からためになる経験談を聞いたことがあるでしょ。その経験談の中に、「これこれのことはカイ二乗検定で危険率5%で統計的に有意である」なんていうことが含まれることはないよね。でも、心から「そうだな！」って感じることができるでしょ。質的研究はそんなものだと思うんですよ。ただ、単なる経験談と研究の違いは、元になるデータがしっかりしたものであるか否かにかかっているんです。例えば、お茶のみ話の時の経験談を聞いたとき、「先生、その場面のビデオ記録やプロトコルを見せて下さい」なんて言っても、出せるわけないよね。ところが研究では、それを出すことができなければならないんですよ[15]。だから「これこれだ」という結論には、常に生データが対応していることが重要なんです。いい経験談は、実に多くの経験の中から得ることができるんです。だから、研究では実に膨大なデータを収集しなければならないんです。その中から、後輩や同僚の先生に話したいことが出てきたら、それが研究の種なんです。後は、そのことをより多くの人に共感してもらえるように、データを整理するんです。つまり、史実に忠実な歴史小説を作るんです。ただ、歴史小説より面白いのは、自分自身が登場人物の一人として参加することができるところです。

実際の研究では、以下のような方針で研究を進めている。

（1）　事前のモデルにこだわらない

筆者は先に以下のように述べた。

『筆者は実証的研究を専門としているため、現場で行われる調査に関して相談を受けることが多い。しかし、その大多数は調査終了後に相談にくる。回答用紙の束を持って、「先生、この調査をまとめたいのですがどうしたらよいでしょうか？」と相談にくる。それに対して、「何を語りたいのですか？」と筆者は必ず聞く。それに対して、意外という顔をする場合が多い。本書において繰り返し繰り返し述べているように、実証的研究とは、自分が語りたいことを、一定の手法に従って語ることである。結果を分析すると、大宇宙の真理が魔法のように現れるものではない。仮に、語りたいことがなければ、何も語れない。

---

[15]　データの遡及性

意外なことかもしれないが、実証的研究においては調査が終了した段階で全研究の 70 ～ 90％は終えている。時には、九分九厘終わっている場合もある。それは計画の段階で、その分析を予期し、その結果も予想しなければならないからである。筆者の場合、計画終了以前に、論文のほぼすべてを書き終わっている場合が多い。表も書いており（すなわち縦の欄の名称、横の欄の名称も決定している）、残っているのは表の実測値とその検定結果のみである』。

すなわち、モデルから研究計画を立てるべきだと述べた。しかし、質的研究においては、実態からモデルを定立することを主眼とするべきであろう。事前にモデルにこだわらず、実態を観察し、そこから得られた最も面白いと感じたものに着目し分析することを勧める。ただし、事前に何らかのモデルも持っていなければ、実態に即したモデルをつくことはできない。事前のモデルと一致している点、一致していない点を吟味する作業を通して、実態に即したモデルもたてられる。このあたりは、第 1 部第 4 章で書いた、「もちろん、調査の結果が自身の予想したものと異なる場合もある。その場合は、結果に基づいて再度検討しなければならない。多くの場合、自身の最初に予想したものよりも、より一般的で、より教育的に価値の高い結論になる」とまったく同じである。

（2） 質的研究におけるデータ量

筆者は研究のデータ量は「1 件当たりのデータ量（1 件のデータを取る時間数＋1 件のデータを分析するための時間数にほぼ比例する）×人数（もしくは事例数）」であると考えている。そのように考えるならば、量的研究においても質的研究においても、一つの結論を出すためのデータ量には大差がない。

量的研究は人数（もしくは事例数）は多い。しかし、データを取る時間数、データを分析するための時間数は質的研究に比べて少ない。逆に言えば、質的研究の場合、人数（もしくは事例数）が少ない分、それを補うだけの「1 件当たりのデータ量」を確保しなければならない。

（3） できるだけ多くのビデオ、テープで記録する。

いつ・どこで、決定的なことが起こるかは分からない。ビデオ1台では、せいぜい教師と、教師と会話する学習者の様子しか見ることはできない。しかし、教室の隅で交わされている子ども達の会話が、子ども達の理解にとってはより本質的な場合も多い。また、6月に起こった事件の発端は、4月にはすでにその兆候を見ることができる場合も多い。また、その事件の中心人物は、4月の観察では目立たない学習者である場合も多い。したがって、予見無く、できるだけ全てを記録しなければならない。筆者の研究室では、最低でもビデオカメラは3台以上、班当たり1台のカセットデッキで記録している。一人ひとりの会話に着目する場合は、ビデオカメラは6〜8台、さらに各学習者に携帯カセットデッキを身につけさせ記録する。

ただし、このような台数の機器を揃え、かつ分析することは一般（大学の研究室でも）にはかなり困難であろう。特に、現場の実践者が自分自身の実践を分析することはかなり困難であろう。しかし、それだけの台数がなければ、研究できないわけではない。1台のビデオでも質的研究は可能である。さらに、ビデオのない時代はメモによって記録がなされていた。歴史に残る質的研究の多くは、そのメモによる記録が元データとなっている。少なくとも、授業後に心に残ったことを、ノートに「なぐり書き」でいいから記録する。その記録を、より正確にするため、小さなカセットデッキを1台用意することは、現場実践者でもできることである。重要なのは、教室で起こったことを、生データによって生々しく伝えるために、与えられた状況で、最善の努力をすることである。

上記のように記録すると、子ども達が意識し、意識した言動しかしないというおそれもある。確かに意識はするであろうが、筆者の経験では、ほとんどその心配はない。少なくとも、その危険性を意識した上でも、それなりのデータを得ることはできる。

ポイントは、最初に子ども達にできるだけ自由にビデオカメラやカセットデッキにさわらせる。たいていの場合、2、3日で子ども達は飽きてしまう。1週間もたつと胸にピンマイクがあるのにもかかわらず、「この実験面白く

ないよね」とか「終わったら○●しよう」、はては「あの先生（調査者）ダサイね」という会話が記録され、苦笑することも多い。

（4）　どんなことでも、すぐにメモすること

　先の脚注で紹介した関口氏のホームページによれば、関口氏は指導教官から「まずみなさんには研究日誌をつけることを要求します。たった1パラグラフでもかまいませんから、とにかく研究について毎日書くようにしてください」と最初に求められた。筆者も大学学部の卒業研究で直接指導していただいた講師（当時：筆者の指導教官の研究室所属）の先生から最初に渡されたのは、ハードカバーのノートであった。厚みが2cm程度で、罫線がまったくない白紙のノートであった。先生からは「どんなくだらないことであっても、研究に関わることはその場で書きなさい。人に見せるものではないから、汚い字でいいし、記号や図や、とにかくどんな書き方でもいいから、すぐ書きなさい」と言われた。

　殺菌[16]の条件や、遠心分離器の回転数、時間など実験に関わるありとあらゆることをメモった。最初は、それなりに丁寧な文字を書き、図は定規で書いた。しかし、書く量や頻度が多くなると殴り書きになった。2か月も経つと、自分なりの書き方のパターンができる。パターンができると、今まで書いていないようなことも書く余裕ができるようになった。

　ビデオ、カセットの情報は有益であるが、なによりも優れた分析機器は、その場にいる自分自身に他ならない。書き方にこだわって書かないよりは、書き方にこだわらず、何でもかんでも、すぐその場で書く習慣は研究を進める上で有益である。ビデオに記録してしまえば、あとで何とかできると考えがちであるが、ビデオ記録は一面の記録にしかすぎない。その場にいると、多種多様な情報を得ることができる。それゆえ、その場にいる時だからこそ、気づけることも多い。

　ただし、あくまでも見る／聞く、そして、その場の子どもや教師に質問

---

[16]　筆者の卒業研究では酵母菌を使った。

することが最も重要で、メモはその結果を記録する手段である。メモにこだわって、見る／聞く／質問するがおろそかになってはいけない。

(5) できるだけ長く話し／書かせる
　先に述べたように量的研究の場合、数値化するためカテゴリー化する。このカテゴリー化を精密に行うため、被験者反応に限定を加える。例えば、ある教科の好き／嫌いに関して、インタビューもしくは自由記述アンケートを行った場合、「好き」「好きだけど嫌い」「嫌いだけど好き」「ちょっと好き」「好きなときもある」「嫌いなときもある」等のさまざまな表現が現れる。これらが、すべて好きと考えるべきなのか、否かは判断の迷うところである。さらにやっかいなのは、文中に「好き」という文字は一つもないが、好きなんだろうなと感じられる言葉や文章もある。そのため、量的研究においては、「好き」／「嫌い」のような選択肢、インタビューにおいて「○●に関して賛成ですか反対ですか」のような質問などによって回答方法に限定を加える。しかし、質的研究の場合は、自由に、かつ、できるだけ長く話し／書かせるようにする。より長く話し／書かせることによってより重要な会話、文章を得る可能性が高い。
　ただし、行き当たりばったりの質問をした場合、後になって必ず質問しなければならないことを聞かないというような失敗が起こりがちである。事前に、確実に聞かなければならない質問項目をメモし、そのメモを横に置きながら、その場にあった質問を加えるべきであろう。
　その際に重要なのは質問の仕方で、質問の仕方に関してはカウンセリングの手法は有益である（諏訪　1994）。例えば、質問者が心の中で「何でこんな間違いするんだ」と考えている場合は、いくらニコニコしながら「なぜ、そう書いたの？」と質問しても、学習者は見抜いてしまう。「へー、面白いところに気づいているんだなー」という気持ちで質問しなければならない。
　筆者の勤めている大学で質的研究を行っている先生に聞いた話である。現場教師が質的研究で児童・生徒にインタビューをすると、いつの間にか質問ではなく指導になってしまうそうである。つまり、その被験者の誤答を正そ

うと、一生懸命に説明してしまうのである。教師の性（さが）、教育に対する熱意のあらわれと解釈できる。しかし同時に、「何でこんな間違いをするんだ！」という気持ちもあるのではないだろうか。何よりもまず、児童・生徒から何かを学びとろうとする姿勢が大切である。

(6) **一般的でないこと、客観的でないことをおそれるな**

より長く話させるためには、その場、その場に応じて質問を変えなければならない。したがって、彼らの会話はその場の状況や、質問に対する答えに依存する。また、より積極的に質問すれば、当然、質問者の意図・願いが質問に反映される。したがって、量的研究での一般性や客観性は保証されない。しかし、先に述べたように量的研究にせよ質的研究にせよ、研究者が見せたいものを見せるためのレトリックにすぎない。一般性や客観性も相対的なものである。一般性や客観性にこだわるあまり、人数（もしくは事例数）の少ない疑似量的研究になるよりは、質的研究の良さを追求するべきである。

(7) **しかし、謙虚になろう！**

先に述べたように、一般的でないこと、客観的でないことをおそれてはいけない。しかし、最終的な結論を書く際、これを言えるだけの「一般性はあるか？」「客観性はあるか？」と自問することは必要であろう。最も良い方法は、他の人（できれば異なる研究室の人）に読んでもらうことである。その人が「エッ？」と感じるところを教えてもらい、補足説明する。この過程で、どんな説明が必要なのかが分かる。注意は、先ほどのインタビューに関する注意と同様である。「何で、こんなことが分からないんだ！」というような高圧的な態度では、「エッ？」と感じるところを教えてもらえない。

しかし、何人の人に読んでもらって、何人の人にOKを出してもらっても、すべての人が納得できる論文になると保証はできない。結局、納得できるか、納得できないかは、読み手と書き手が共通のモデルを持っているか、否かにかかってくる。その論文が革新的であればあるほと、その論文の書き

手のモデルを持つ人は少なくなってくる。したがって、「私はそうは思わないが、一般に認められた○○の手続きで保証しているから、みとめてやろう」というレトリックが重要である。第2部第9章で述べたように、残念ながら質的研究において、このようなレトリックは十分確立されたとは言い難い。今後、そのようなレトリック確立の努力は続ける必要があるが、現状では、量的研究のレトリックを併用することをすすめる。質的研究をすすめる上で、量的研究を否定するのではなく、優れた方法の一つとして併用できるだけの度量は必要である。質的研究と量的研究は対立するものではなく、補完するものである。

　繰り返しになるが、質的研究の方法論は発展途上である。量的研究に比べてレトリックが確立されていないので苦労も多い。それでもやりたい方には、筆者は「がんばって、本当に面白いですよ」と声をかけたい。

第 3 部

論文の記述

実証的な研究では、論文は「目的」「方法」「結果」「結論」の4つの部分より構成されている。ここでは、それぞれの記述の方法に関して述べたい。

第1章 目 的

　目的は「はじめに」「問題の所在」などさまざまな名称を用いられる。いずれの場合も、論文の最初に位置づけられる。目的では過去の研究の流れを記述するが、そこでの目的は、この研究の重要性とオリジナリティを主張することである。オリジナリティは先行研究を例示しながら、どこまでやられ、どこからまだやられていないかを明らかにする。その中で、なぜ、その部分が行われていなかったかを浮きだたせる。第二は、その研究の意義である。今までに行われていない研究であっても、その理由が単につまらないからという理由では問題である。例えば、授業中に何回頭を掻くかという研究は今まで行われていないが、それをやる必要性があるとは思われない。

　目的は論文の中で最も後に書くべき部分である。例えば、○○指導法が有効であることを証明したいとする。研究の結果、○○指導法が確かに有効であったとする。この場合は、目的において、○○指導法の背景となった基礎理論を述べる。その記述の中で○○指導法が有効であるという蓋然性が高いことを述べる。そして、最後に「○○指導法が有効であることを明らかにすることを目的とする」と書き結ぶ。

　ところが、研究の結果、○○指導法が無効であったとする。この場合は、目的において、○○指導法の背景となった基礎理論に対立する基礎理論を述べる。その記述の中で○○指導法が無効であるという蓋然性が高いことを述べる。そして、最後に「○○指導法が無効であることを明らかにすることを目的とする」と書き結ぶ。

　以上の例は極論であって、無理があることは承知しているが、この例を通して二つのことを強調したい。

　第一は、論文において重要なのは、目的と結論が一対一に対応していることである。「○○は良いことを証明する」を目的として、「○○は悪いこと」

を結論において証明した場合、それを読む読者にとっては迷惑である。論文は著者の日記でも、告白録でも、悩みの記録でもない。結果及びそれに基づく結論は動かし得ないのであるから、対応させるのは目的となる。したがって、目的は論文の最後に書かねばならない。すなわち、論文の構成は「目的」「方法」「結果」「結論」の順序であるが、実際に書く順序は「方法」「結果」「結論」「目的」である。

　第二は、教育現象においては、A、非Aのいずれの背反事象に対しても、それなりの蓋然性を与える理論・事実はあることである。教育現象にはきわめて多様な要因が絡み合っている。その要因一つひとつに何らかの理論・事実が関連している。いずれの理論・事実が最終的な結果に関連するかは、与えられた条件で調べなければならない。よく、「これこれのことはわざわざ研究しなくても当たり前である、したがってこのような研究は不要である」という指摘を散見する。しかし、多くの場合、それとまったく逆の結果が出ても、それなりの説得力のある説明は可能な場合が多い。

　修士論文などでは、その中に複数の調査、または複数の実験が含まれる場合がある。このような場合、通常の「目的」「方法」「結果」「結論」という構成で論文を書くことが困難となる。その場合、全体の目的を最初に述べた後に、一つひとつの調査（または実験）ごとに、「目的」「方法」「結果」「結論」を述べ、最後に全体の結論を述べることになる。このような記述の場合、全体の構成がきわめて見にくくなる。そこで、目的の最後に全体の構成を示すことは有効である。

　例えば、3つの調査を含む研究の場合、以下の文章・図を第1章の最後に付ける。この場合は、第1章で全体の構成を述べ、三つの調査を第2章〜第4章に述べる。各章において、それぞれの調査の「目的」「方法」「結果」「結論」を述べる。5章、6章でそれらを一つの研究としてまとめる。以下は記述の一例である。

第@節　本論文の構成
　第1章の前節までに本研究の背景、意義を述べた。本節では、本論文の構

成と結果の概要を述べる。本研究は大きく分けて、＃＃、＊＊、＋＋に分かれる。したがって本研究の基本的構造は以下の図のようになる。

　第 2 章では＃＃を明らかにするため、＠＠＠＠＠＠＠＠＠＠＠＠＠＠＠＠＠＠＠＠＠＠＠＠を行い、＠＠＠＠＠＠＠＠＠＠＠＠＠＠＠＠＠＠＠＠＠＠＠＠＠＠を明らかにした。

　第 3 章では＊＊を明らかにするため、＠＠＠＠＠＠＠＠＠＠＠＠＠＠＠＠＠＠＠＠＠＠＠＠を行い、＠＠＠＠＠＠＠＠＠＠＠＠＠＠＠＠＠＠＠＠＠＠＠＠＠＠を明らかにした。

　第 4 章では＋＋を明らかにするため、＠＠＠＠＠＠＠＠＠＠＠＠＠＠＠＠＠＠＠＠＠＠＠＠を行い、＠＠＠＠＠＠＠＠＠＠＠＠＠＠＠＠＠＠＠＠＠＠＠＠＠＠を明らかにした。

　第 5 章では第 2 章、第 3 章、第 4 章の結果をまとめ、＠＠＠＠＠＠＠＠＠＠＠＠＠＠＠＠＠＠＠＠＠＠＠＠＠を明らかにした。

　第 6 章では、本論文全体をまとめ＠＠＠＠＠＠＠＠＠＠＠＠を明らかにした。さらに、今後の課題として＠＠＠＠＠＠＠＠を述べた。

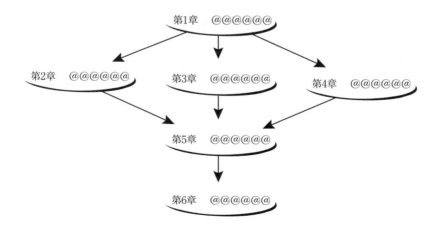

第2章　方　法

　方法の目的は、その研究を再現するに必要な情報を記載することにある。正確に再現させるためには、比較的多くの記述が必要となる。しかし、その量は「目的」を超えてはならない。

　論文は、「目的」「方法」「結果」「結論」の4つの部分に分かれているが、それぞれのページ数は「目的」＞「方法」＞「結果」＞「結論」でなければならない[17]。方法のページ数が目的のページ数を超えるのは、本来、目的で書くべきものを方法で書いているためである。

　例えば、方法では、測定方法としてある方法を利用した理由を長々書かない。その測定方法を選択した理由は目的のところで記述する。そして、方法においては「先に述べた理由により、測定方法としては＠＠を用いた」のような記述になる。

　「方法」は行ったことを正確に記述する。したがって、他の教師、また学校への調査依頼書は「方法」の骨格になる[18]。ゆえに「方法」の部分は、調査実施以前に大筋で書ける。

---

[17]　学術論文の場合、許されるページ数の関係で目的の部分が大幅に割愛される場合が多い。したがって、その場合には「目的」＜「方法」となる。

[18]　ただし、調査依頼書が論文の「方法」と同じように厳密に記述した場合、調査協力者は読まない。逆に、論文の「方法」を調査依頼書と同じように記述した場合、正確な記載とは言えない。したがって、完全に同一ではない。

第3章 結　果

　結果の記述においては、図表と役割を分担させることが重要である。例えば、結果の記述において「問題1の正答率は10.2%でした。問題2の正答率は52.3%でした………」のようなデータの羅列は不要である。「結果」のページ数が「目的」、「方法」のページ数を超える場合は、たいていの場合、このようなデータの羅列が原因である。このような個々の数値の記述は、図表にその数値が書いてあれば十分で、わざわざ本文の中で改めて書く必要はない。本文の中で記述しなければならないのは、判断結果である。以下の二つの例を見比べてほしい。同じ1%の違いでも、その意味するところは大きく異なる。さらに、著者がどのような立場に立って研究を進めるかによって、判断の基準は大きく異なる。そのため、判断結果を明確にすることは重要である。

例1：現在行われている方法で指導する場合は90%は分かるが、10%の生徒は分からない。新しい指導法だと91%の生徒は分かるが、9%の生徒は分からない。

例2：現在使用されている末期ガンの薬で90%の患者は治るが、10%の患者は死亡する。新しい末期ガンの薬では91%の患者は治るが、9%の患者は死亡する。

　さらに基となったデータを、どのような判断方法を用いたかを明示する必要がある。例えば、「直接確率計算によって出現率を算出した結果」（ここは判断方法）、「5%の有意水準で」（ここは判断基準）、「両群に差が見られた」（ここが判断結果）と記述する必要がある。

　さらに、個々の判断基準を総合して、どのように判断したかを記述する必要がある。例えば、「全20カテゴリーの2／3において両群に差が見られ」（ここは判断方法及び判断基準）、「全体的に両群には差が見られた」（ここが判断結果）と記述する。このような部分は図表が示せない部分である。

なお、図表の記載においては、先に述べたように主張が明確でなければならない。説明を省略し、「結果から明らかなように」と記載する例があるが、**第２部第３章**で述べた主張のない図表の場合、なぜ、そのように言えるのか読みとるのが困難な場合がある。それを書いた筆者がかかったと同じぐらいの時間が、読者がその図表を読みとるにかかるならば論文の意味がない。大学学部の指導教官から「いい論文は、本文を読まなくても、図表を見ただけで分かるものだ」と筆者は教えられた。主張のある図表は、その図表のみで、その研究が何を目的に、どのような方法によって、何を明らかにしたかが分かる。しかし、このような図表を描くことはかなり困難である。したがって、図表のどこに着目すべきか、どのような方法で分析し、どのような判断基準を用いたかを省略せず、本文に記載することが望ましい。

　結果の記載において難しいのは、結果と結論の違いである。結果は、事実そのものであるのに対して、結論では諸結果から導き出される蓋然性の高い推論である。しかし、結果であっても何らかの仮定の下での事実である。したがって、結果と結論の違いである蓋然性は相対的なもので、絶対的なものではない。その場合、結果と結論の違いは、結論がその論文全体の最終的に言いたい「一言」であるのに対して、結果はそれを言う諸事実と分けるのが妥当であろう。

　なお、初心者が間違いやすい点の一つに、図表のタイトルをどこに付けるかという点である。図のタイトルは図の下に、表のタイトルは表の上に書くことを注意しなければならない。したがって、以下の表記は誤りである。

	選択肢 A	選択肢 B	選択肢 C
統制群	20	17	13
実験群	30	20	0

表1　各選択肢の選択者数の群間比較（人）

表のタイトルは、以下のように表の上に書かねばならない。

表1　各選択肢の選択者数の群間比較（人）

	選択肢A	選択肢B	選択肢C
統制群	20	17	13
実験群	30	20	0

図の場合は、逆に図の下にタイトルを書かねばならない。
結果の記述は以下のようにする方が望ましい。

例1

○○○であることが明らかになった。
×××であることが明らかになった。
△△△であることが明らかになった。

以上のことから￥￥￥であることが明らかになった。

●●●であることが明らかになった。
■■■であることが明らかになった。
▲▲▲であることが明らかになった。

以上のことから＃＃＃であることが明らかになった。

以上まとめると以下の2点が明らかになった。
1.　￥￥￥であることが明らかになった。
2.　＃＃＃であることが明らかになった。

したがって、％％％であることが明らかになった。

しかし、以下のような記述方法をよく見かける。

例2

○○○であることが明らかになった。
×××であることが明らかになった。
△△△であることが明らかになった。
●●●であることが明らかになった。
■■■であることが明らかになった。
▲▲▲であることが明らかになった。

```
以上まとめると以下の2点が明らかになった。

1. ￥￥￥であることが明らかになった。
2. ＃＃＃であることが明らかになった。

したがって、％％％であることが明らかになった。
```

　この記述の場合『1.　￥￥￥であることが明らかになった』と『2.　＃＃＃であることが明らかになった』のそれぞれが、どの事実に対応しているかが読みとりにくい。特に、前者の『1.　￥￥￥であることが明らかになった』は関連する事実との間があいているので、読みとりにくい。ましてや、以下のような記述方法は論外である。

例3

```
○○○であることが明らかになった。
×××であることが明らかになった。
△△△であることが明らかになった。
●●●であることが明らかになった。
■■■であることが明らかになった。
▲▲▲であることが明らかになった。

したがって、％％％であることが明らかになった。
```

　例1のような記述をするためには、最初に最終的な文章を定める。例1の場合は『したがって、％％％であることが明らかになった』がそれにあたる。次に『したがって、％％％であることが明らかになった』と言うために必要な事実を定める。例1の場合は『1.　￥￥￥であることが明らかになった』『2.　＃＃＃であることが明らかになった』がそれにあたる。次にそれぞれを言うために必要な事実を定める。『1.　￥￥￥であることが明らかになった』の場合は、『○○○であることが明らかになった』『×××であることが明らかになった』『△△△であることが明らかになった』がそれにあたる。このように、逆向きに文章を定める。このような方法をとるならば、最終的結論に結びつかない分析結果を、「結果」の部分にダラダラと書くことはなくなる。

修士論文の中には、ダラダラと結果を羅列するものも含まれる。院生の方々は、一つひとつの結果を得るために、相当の苦労をした。そのため、一つの結果も無駄なく論文の中に入れたいという思いは強烈である。しかし、研究に無駄は付きものである。苦労して得た結果であっても、必ずしも最終的な結論に結びつかない結果も多い。そのような結果は、勇気を持って割愛する。それには先述したように、最終的な結論から、遡って記述すべき結果を選ぶ方法を薦める。苦労したからという気持ちは理解できるが、不必要な結果を付け加えることによって論旨が不明確となる。結果として、読む方にとっては迷惑である。繰り返すが、論文は著者の日記でも、告白録でも、悩みの記録でもない。同時に、自己満足のカラオケでもない。

結果の表に関しては、調査実施以前に枠を作るべきである。以下の表は、校庭における観察に関する筆者の研究における表である。

表29 集計欄の例（その2）

観察カテゴリー		実験群	統制群	危険率
巨視的観察	背の高低			
	葉の多少			
	葉の重なり			
	日向・日陰			
	場所			
	密度			
	踏まれの有無			
微視的観察	葉の大小			
	花の大小			
	葉の細部模様			
	感触			
	堅さ			
	根			
	付近の昆虫			
	花の有無			

このような表を作るためには、何と何を比較し、どのような統計方法で検定するかを事前に検討する必要がある。このような検討は、確実な調査研究

には必須な準備である。実はこのような表を作成するためには、事前に、どのような結果が得られ、どのような結論を述べるかの予想がなければならない。調査実施以降に行うのは空欄に数値を入れることである[19]。

ただし、このような表を本文に入れるか、付録として最後に付けるかは検討に値する。すなわち、各欄の一つひとつの数値が問題ではなく、全15カテゴリーの過半数のカテゴリーにおいて両群に差が見られたことを主張することを目的とするならば、以下のような表記の方が適切である。

表30 差の有無に着目した表の例

統計的に差があったカテゴリー	統計的に差のなかったカテゴリー
13	2

そして、付録に詳細な表を付けている方が、本文が読みやすい。

実際にデータを見ているうちに、どうしようもないデータが散見される。例えば以下のような例がある。

```
あなたは以下の果物はどれだけ好きですか？ 最も近いものを一つだけ四角で囲んで下さい。
  リンゴ       [大好き]  好き    どちらでもない  嫌い   大嫌い
  ミカン        大好き  [好き]   どちらでもない  嫌い   大嫌い
  メロン        大好き   好き   [どちらでもない] 嫌い   大嫌い
  バナナ        大好き   好き    どちらでもない [嫌い]  大嫌い
  パイナップル  大好き   好き    どちらでもない  嫌い  [大嫌い]
  マンゴー      大好き   好き    どちらでもない [嫌い]  大嫌い
  夏みかん      大好き   好き   [どちらでもない] 嫌い   大嫌い
  キウイー      大好き  [好き]   どちらでもない  嫌い   大嫌い
  サクランボ   [大好き]  好き    どちらでもない  嫌い   大嫌い
  スイカ        大好き  [好き]   どちらでもない  嫌い   大嫌い
  ナシ          大好き   好き   [どちらでもない] 嫌い   大嫌い
  西洋ナシ      大好き   好き    どちらでもない [嫌い]  大嫌い
  ブドウ        大好き   好き    どちらでもない  嫌い  [大嫌い]
```

---

[19] 筆者の場合は、同時にその表に対応した統計分析プログラムを作成する。そのため、データ入力後、ただちに統計分析の部分も含めて記述できるよう準備する。

気持ちとしては、このようなデータを排除したいと思う。しかし、本当にこのような好嫌度ではないと言い切れるわけではない。さらに、どのような基準で、上記のデータがいい加減なデータであるかを明示することは難しい。例えば、以下の例は、先の例の「パイナップル」「スイカ」の値を変えたのみである。しかし、この例を排除すべきデータであると確信を持てるかは疑わしい。

あなたは以下の果物はどれだけ好きですか？ 最も近いものを一つだけ四角で囲んで下さい。					
リンゴ	大好き	好き	どちらでもない	嫌い	大嫌い
ミカン	大好き	好き	どちらでもない	嫌い	大嫌い
メロン	大好き	好き	どちらでもない	嫌い	大嫌い
バナナ	大好き	好き	どちらでもない	嫌い	大嫌い
パイナップル	大好き	好き	どちらでもない	嫌い	大嫌い
マンゴー	大好き	好き	どちらでもない	嫌い	大嫌い
夏みかん	大好き	好き	どちらでもない	嫌い	大嫌い
キウイー	大好き	好き	どちらでもない	嫌い	大嫌い
サクランボ	大好き	好き	どちらでもない	嫌い	大嫌い
スイカ	大好き	好き	どちらでもない	嫌い	大嫌い
ナシ	大好き	好き	どちらでもない	嫌い	大嫌い
西洋ナシ	大好き	好き	どちらでもない	嫌い	大嫌い
ブドウ	大好き	好き	どちらでもない	嫌い	大嫌い

一方、以下の例は「矢印」もしくは「家」を描いたように見られる。この場合は、排除することができる。しかし排除する基準は、「家」のように見えるからでは、何を持って家と見えるかを明確にすることができない。しかし、この問題では「一つだけ」という限定を付けているにもかかわらず、以下の例では複数を選択する項目が多い。したがって、例えば「5つ以上の項目において複数選択した回答は、以降の分析の対象から除外した」と論文に記載すれば、以下の例を排除することができる。

> あなたに以下の果物はどれだけ好きですか？ 最も近いものを一つだけ四角で囲んで下さい。
>
> | | | | | | |
> |---|---|---|---|---|---|
> | リンゴ | 大好き | 好き | どちらでもない | 嫌い | 大嫌い |
> | ミカン | 大好き | 好き | どちらでもない | 嫌い | 大嫌い |
> | メロン | 大好き | 好き | どちらでもない | 嫌い | 大嫌い |
> | バナナ | 大好き | 好き | どちらでもない | 嫌い | 大嫌い |
> | パイナップル | 大好き | 好き | どちらでもない | 嫌い | 大嫌い |
> | マンゴー | 大好き | 好き | どちらでもない | 嫌い | 大嫌い |
> | 夏みかん | 大好き | 好き | どちらでもない | 嫌い | 大嫌い |
> | キウイー | 大好き | 好き | どちらでもない | 嫌い | 大嫌い |
> | サクランボ | 大好き | 好き | どちらでもない | 嫌い | 大嫌い |
> | スイカ | 大好き | 好き | どちらでもない | 嫌い | 大嫌い |
> | ナシ | 大好き | 好き | どちらでもない | 嫌い | 大嫌い |
> | 西洋ナシ | 大好き | 好き | どちらでもない | 嫌い | 大嫌い |
> | ブドウ | 大好き | 好き | どちらでもない | 嫌い | 大嫌い |

　重要なのは、排除することが妥当で、排除すべき基準が明確であることである。そして、それらは論文に必ず記述しなければならない。しかし、多くの場合はどのようなデータにも目をつぶって、すべてを分析の対象とすべきである。多数の法則によって少数の極端な例は、全体の中で吸収されるからである。

　最後に、筆者の研究室でほぼ毎年見かける例を示そう。

　危険率を記載するのに（P=0.025）のように表現する場合がある。ここでのPとは確率（probability）の頭文字である。1が100%であるので0.025とは2.5%を意味する。コンピュータによって統計分析を行うと、小数点以下10桁以上までの結果が出る場合がある。そのため、論文中で危険率を記載する際に、（P=0.0251849635）と表現する場合がある。しかし、先に述べたように重要なのは5%以上なのか否かである。したがって（P=0.025）程度の桁でとどめることが望ましい。

　その他、さまざまな分析値も5%水準を満たしているか、いないかが判断できる桁数を目安とすべきである。例えば、相関係数を「0.5248981156」と記載したり、χ^2値を「14.33689592545」と記載することは、一般的には避けるべきであろう。ダラダラと数値が書かれている場合、「私は統計がまっ

たく分かりません。コンピュータが出してくれたものを、何も考えず書いています！」と大声で表明しているようなものである。

　論文の本文に数値が記載された表と、それを図にしたグラフが並列している場合がある。見やすさを狙った場合もあるので一概に言えないが、できれば図のみを示し表は付録とするか、表のみを本文に載せる方が望ましい。このことを説明するとき筆者が学生に必ず言う言葉は以下の通りである。

　「表1の結果を円グラフで表した結果を図1に示す。さらに、折れ線グラフで表した結果を図2に示す。また、棒グラフで表した結果を図3に示す。あーら不思議、結果はすべて同じ結果になりました」。いかがであろうか。

　折れ線グラフにも注意が必要である。例えば、次のようなグラフは一般に望ましくない。折れ線グラフは、つないだものの間に時系列などの順序関係がある場合、また、何らかの共通性がある場合に使うべきものである。したがって、以下のようなグラフの場合は、棒グラフで表すのが通例である。

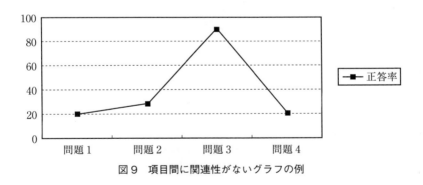

図9　項目間に関連性がないグラフの例

　一方、以下のような折れ線グラフは意味がある。

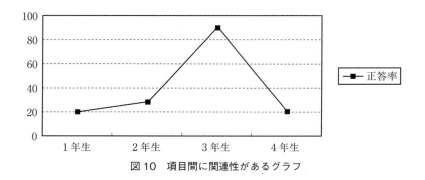

図10 項目間に関連性があるグラフ

この図には、時系列という順序関係がある。

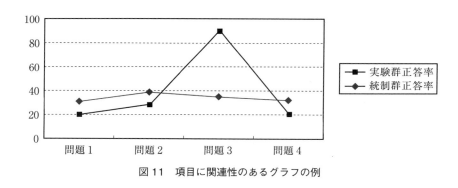

図11 項目に関連性のあるグラフの例

　この図の場合、実験群、統制群のそれぞれの正答率という共通性があり、積極的に折れ線グラフを利用する意味がある。

第4章 結 論

　結論は、その論文全体で最終的に言いたい「一言」である。したがって、それは短くなくてはならない。論文の構成では、「目的」「方法」「結果」「結論」の順序であるが、結論で述べるべき「一言」は論文の最初に決定されるべきものである。論文とは、その「一言」を他の人に説得することが目的である。

　先に述べた「結果」が事前に予想した結果であれば、予想通りの「結論」を書く。しかし、予想外の「結果」を得た場合は、見方を変えた分析をさまざまに行う。その分析結果から新たな「結論」を引き出す。その「結論」の検証を、新たな分析によって確かめる。このような結果分析と結論の相互作用によって、徐々に論文全体が構成される。そして、ある「結論」に対して確信を得たとき、初めて本当の論文の執筆が始まる。

　結論は「である」と言い切らねばならない。数学における演繹と異なり、教育研究においては、研究の各段階である仮定をおき、ある蓋然性で議論を進めている。その仮定の上に仮定をおいているのであるから、蓋然性は数学に比べかなり低くなる。そのため、「である」と言い切るのは簡単でない。しかし、「である」と言い切れないならば、それを読まされている読者はいい迷惑である。「である」ということは絶対、100%確実ということを意味してはいない。それは、自分自身がかなりの自信を持って人に語れることを意味する。仮に、本当に「である」と言えないならば、論文自体の存在意義はない。「である」と言った後、それでも別な見方もできるなと感じた場合、論文には「議論」を設けることができる。議論では、自分自身の「である」に反対する立場から再吟味をし、その問題点を指摘する部分である。しかし、議論と結論を明確に分けることは重要である。

　同じ結果を得たとしても、すべての人が同じ結論を得るとは限らない。実

証的研究においても、論文とは一つの物語を語ることに他ならない。その手段として、数値的データを利用している。そして、論文の評価もどれだけの人の共感を得られるかによって最終的には決定される。

第5章 レファレンス

　論文の最後には、レファレンスを付ける。参考文献の必要性は、第1部第1章第2節でも述べた。研究とは多くの人々が少しずつ知識を積み上げる営みである。参考文献の一覧で、自身の研究の背景を明らかにする必要がある。さらに、良いレファレンスは総説の意味を持ち、その研究分野に入り立ての研究者に全体的展望を与える。また、研究の手がかりを与えるという意味を持つ。

　レファレンスの書き方は多種多様で決まった書き方があるわけではない。しかし、守らなければならない二つのルールがある。第一は、その記述で確実に、該当文献を探すことができる。第二は、記述方法が統一されている。

　ある文献を手に入れるためには、「著者」「タイトル」「雑誌名」「最初のページ」「最後のページ」「掲載年度」の情報が最低限度必要である。これらが含まれるならば、それをどのような順序に並べるかは、その分野の習慣に依存する。

　これらの文献を読む時期、また、その時に参考にした文献の記述法が異なるのが一般である。そのため、レファレンス中の論文記載方法が多様になる例が多い。それを避けるためには、書き終わって、最後にレファレンスの記載方法を統一する必要がある。

例：西川純、安達哲夫：科学概念の獲得／定着と文脈依存性に関する研究、科学教育研究、Vol.21、PP.101-114、1997
　　宮嶋浩一、西川純、根本和成：児童の生物認識の言語報告と自由記述による比較研究及びそれに基づく指導法の開発、日本理科教育学会研究紀要、Vol.37、No.1、PP.33-42、1996

この中のVol.はV.とも表記されるが、「volume」の略で巻を示す。同様にNo.はN.とも表記されるが、「number」の略で号を示す。号は巻と一緒にVol.37（1）と表記される場合もある。PP.は「page to page」の略で、該当するページが複数ページにわたる場合にその最初と最後のページ数に付けて用いられる。仮に、該当するページが単独である場合は、P.と表記される。いずれも最後の「.」は省略しているという意味で、ピリオドを省略できない。例えば、筆者を英語で書くとNishikawa,J.であるが、仮にNishikawa,Jと書いた場合は、筆者の名前は「J」という一文字であることになる。なお、巻、号、ページ数は以下のように省略して表記することもできる。なお、以上のような省略は音節区切りに対応するので、「Vo.」や「Volu.」などの表記は存在しない。

> 例：西川純、安達哲夫：科学概念の獲得／定着と文脈依存性に関する研究、科学教育研究、21、101-114、1997

先にあげた例では号を付けた場合と、付けない場合がある。実は、号を省略した科学教育研究にも号は存在する。それにもかかわらず、号を省略したのは通ページがあるからである。

通例、巻は年度ごとにまとめられ、年度に複数の分冊発行があった場合、号となる。この場合、その年度を通したページ、すなわち巻としてのページのことを「通ページ」という。この通ページがある場合は、号を省略して通ページで表記する。逆に、号を省略することによって通ページであることを示す。一方、号ごとのページも存在する場合も、通ページを優先するのが通例である。しかし、日本理科教育学会研究紀要[20]では通ページがなく、号のページのみである。そのため、号を記し、そのページが号のページであることを示す。

---

20) 38巻以降は通ページになった。

また、複数著者がそれぞれを担当した比較的独立した論文をまとめた本の、一人の著者の論文を利用する場合は、「著者」「題名（利用する部分）」「本の名（その論文が採録されている本の）」「出版社」「出版年」を記載する必要がある。

> 例：森藤義孝：理科学習とその評価、スキーレ15巻「理科学習の評価」（所収）、ニチブン、1995

　なお、これにページ数、編集者名を付ける場合がある。
　英文の文献を記載する場合の注意は、雑誌名もしくは本の題名はイタリック（斜体）にする。例えば *Science Education* と記載する。なお、イタリックを利用できない場合は、Science Education と下線で代用する場合もある。
　理系の論文では「引用」と「参考」はほぼ同じ意味であるが、教育の場合では異なる。前者は、該当する部分を原文のまま、自身の論文に利用する場合のことを指す。一般に『』などの二重かっこで区別する。後者の参考は、その論文全体を参考にした場合で、「○○は＠＠を明らかにした」のように自身の表現で短くまとめる必要がある。
　本書で引用や参考にした文献は、本書の最後に一覧として付けている。この一覧を整理することは一見簡単に見える。実際には2～3日はかかる作業である。
　文献一覧の一件一件は、長い間の中で、ひとつの文献を読み終わるごとに加筆される。最初から統一性を意識して整理すれば最善であるが、概してバラバラな書式で記録しがちである。
　　例えば、ひとつの文献も

> 西川純、安達哲夫（1997）：科学概念の獲得／定着と文脈依存性に関する研究、科学教育研究、21、101-114
> 西川純、安達哲夫：科学概念の獲得／定着と文脈依存性に関する研究、科学教育研究、21、101-114、1997
> 西川純、安達哲夫、「科学概念の獲得／定着と文脈依存性に関する研究」、科学教育研究、21、101-114、1997

のように多様に書くことが可能である（上記以外にも多様に書ける）。

　このような形式を最後にはいずれかに統一しなければならない。

　上記の論文を参考文献として利用する場合は、『西川らは●○と述べている（西川ら　1997）』、または『西川ら（1997）は●○と述べている』と本文に記述する。また、その論文の105頁を引用したい場合は、『（西川ら　1997、105）』のように本文に記述する。

　また、「科学教育研究」という雑誌名も、走り書きで「科学研」と略記したり、ページ数や出版年を記録すること忘れることもある。その場合は、改めて正確な雑誌名、ページ数、出版年を確認することになる。さらに、全部の文献を「あいうえお順序」（または、「abcd順序」、「引用順序」）に並び替えねばならない。

　なお、上記のようなレファレンス整理の方法をハーバード方式と呼ぶ。その他に、引用・参考した順序で整理する番号方式という方法がある。その場合は、本文では西川ら[32]のように、引用・参考した順番を書く。最後のレファレンスには下記のように記述し、番号順に並べる。

32）　西川純、安達哲夫：科学概念の獲得／定着と文脈依存性に関する研究、科学教育研究、21、101-114、1997

　この場合、一つの文献を複数の箇所で引用・参考する場合は、それぞれに番号を付ける。もし、それらが並ぶ場合は下記のように記述する。

32）　西川純、安達哲夫：科学概念の獲得／定着と文脈依存性に関する研究、科学教育研究、21、101-114、1997
33）　同上書

　また、離れた場所（例えば52番目）にある場合は、"52）前掲書32）"のように記述する。この番号方式の場合、本文を加筆・修正すると順序の番号が変更になるため、レファレンスを整理し直さなければならない。そのた

め、筆者はハーバード方式をもっぱら使用する。しかし、番号方式の場合、一つの論文を数カ所で引用・参考した場合、それぞれをレファレンスに書くこととなる。そのため、番号方式の方がレファレンスが大きくなる（一見、たくさん論文を読んだようにも見える）。そのためか（？）、本学の院生は番号方式を好む傾向が見られる。

　このような作業があるため、先に述べたように2、3日かかる。このことを意識せず、文献整理を論文作成の最終段階で行った場合、締め切りに追われて不統一になる危険性がある。できるだけ、最初から統一書式で整理することが望ましい。もしくは、論文作成のできるだけ早い段階の、時間があるときに整理することを勧める。

第6章　口頭発表に関して

　研究成果は論文のような文章のみならず、授業研究会、学会において口頭によって発表する。『サイエンティストゲーム』（シンダーマン　1987）という本に「最悪の口頭発表」賞獲得のための諸条件という節がある。簡単に要約すると以下のようになる。

- ぎっちりと詰め込んだ原稿から一語一語を拾い読みをする。
- 発表の予行練習はしない。
- 割り当てられた時間一杯か、オーバーせよ。
- スライドなどは前日に手書きで作る。
- データを読めないような不鮮明な表を作る。さらに、スライドの順番をたびたび逆戻りさせる。
- どうしても前もってスライドを作らなければならない場合は、できるだけ小さな文字を使用する。

　したがって「最高の口頭発表」賞を獲得するためには、以下を行う必要がある。

- 余裕を持った原稿を元に、聴衆の反応に即して、話す速度や間を調整する。
- 発表に使用するスライド・OHP はできるだけ早く用意する。
- そのスライド・OHP における図表は、伝えたいものを欲張らず、確実に伝えられる表現を工夫する。
- 実際に用いるスライド・OHP を利用しながら、発表の予行練習は十分に行う。

特に重要なのは、予行演習である。一人で何度も行う。その過程で、原稿やスライド・OHPを推敲する。さらに、ある程度、練り上がった段階で、同級生・同僚に聞いてもらう。場所は実際の発表会場と同じ大きさの部屋で行い、後ろの方で聞いてもらう。同級生・同僚の意見を謙虚に聞き、さらに推敲する。

　発表で注意しなければならないのは、聴衆は聞く義務がないという点である。平常は、児童・生徒・学生という聞く義務を持つ聴衆に語っている教師が忘れがちな点である。

　最初に注意すべきは話し方である。ある調査で、嫌われる先生の特徴が調べられた。その結果、第一に嫌われる先生は「声が小さい」、第二は「言葉が明瞭でない」、第三は「話が難しい」であった。すなわち、一番嫌われるのは「音が聞こえない」先生、第二は「日本語が聞こえない」、第三は「学習内容が聞こえない」先生である。第一、第二を改善するには、まず、腹から大声を出し、語尾をはっきりさせる。話すスピードは平常の会話より幾分遅く話す（筆者の場合1分間に200〜250語で発表原稿を作成する）。段落の間には間をおく。このような方法で改善できる。第三に対する改善は、論文作成と同じで主張のある図表を用いる。つまり何を語りたいかを明瞭にする。何度も大声で話し、言いよどむ部分を推敲する。

　大声を出すことは、意外に難しい。筆者は教育実習を参観する機会が多い。休み時間に、2、3人の児童・生徒の相手（すなわち1m程度以内にいる相手）に話せる実習生は多い。しかし、教室で30〜40人の児童・生徒を相手に聞こえる声を出せる実習生は必ずしも多くない。最後列の児童・生徒もはっきり聞こえる声は、平常の声の延長上にあるわけではない。2、3人を相手にしている声を大きくしても、せいぜい10人程度の相手（すなわち5m程度以内にいる相手）に話をする声になるにすぎない。

　オペラ歌手の発声法で日常会話をした場合を想像してほしい。明らかに異常である。しかし、30人〜数百人を相手する声は、オペラ歌手の声のように異常（ただしオペラほど異常ではないが）な声を出さなければならない。10人程度を相手にする声で発表したらどうなるか。今までも、聞き取りづ

らい授業・発表を聞いたことは誰しもあるだろう。しかし、注意して聞けば、その人が2、3人を相手にしている声よりは大きいはずである。その人は、その人なりに大きな声を出しているつもりになっている。ただ、10人程度を相手にしている声にすぎないためである。30人以上を相手にする声を獲得するために、意識して練習することは必須である。

内容は相手が関係する点を述べなければならない。例えば、自身の旅行漫遊記や、自慢話を延々と話すのは論外である。また、時間を守ることは最低限のルールである。延々と話し時間をオーバーすれば、次の発表者へ迷惑をかけることになる。パスカルが書いた恋文に「今日は時間がないため長い文章になってしまいました」という一節がある。筆者の経験では、内容のある発表は例外なく時間を守っていた。12〜15分の発表時間の最初5分間を「○○の理由（仕事が忙しかった等）で準備ができなかった」という言い訳に費やし、時間をオーバーすることは論外である。

口頭発表は通例十数分程度の時間である。したがって、前節までの論文記載のように、充分正確に伝えることは望めない。口頭発表では、研究全体のおおよそのイメージを伝えることが必要である。その際に、欠けてはならないことは以下の4点である。

第1は、その研究のオリジナリティである。先行研究を例示しながら、どこまでやられ、どこからまだやられていないかを明らかにする。この場合、すべての先行研究を例示した場合、他に配分すべき時間を削ることになる。直接関係する先行研究1〜4件程度が目安となる。

第2は、その研究の意義である。今までに行われていない研究であっても、その理由が単につまらないからという理由では問題である。意義を説明する場合、日常経験する教育場面を例示しながら説明できることが望ましい。

この第1と第2は論文での「目的」に対応する。

第3は、生の教育現象からどのようなデータに変換しているか、その過程を明示する必要がある。前述のように、教育現象のカテゴリー化法は多様である。また、それを理解させることもかなり困難である。したがって、その

部分に多くの時間を割くべきである。

　第4は、その研究の判断の基準である。教育研究である限り、結果のみではなく、その結果に対して何らかの価値判断を伴う。1＋1はいくつかという点は、多くの人が一致するだろう。しかし、ある結果が教育的に「良い」ものであるか「悪い」ものであるかは、多様である。また、1つにまとめられる定義はない。そのため、発表者は自分自身の判断基準を明示する必要がある。

　以上を発表する際に、初心者が犯しやすい失敗例がある。

　第1は、OHPもしくはスライドを数多く出すという失敗例である。発表者は、そのOHPが何であるかは知っているが、聴衆は知らない。そのため、何がなんだか分からないOHPや写真が、サッサと横切るだけの発表になる。これを避けるためには、いくつかの方法がある。まず、1枚のOHPに載せる図表は基本的に1つに限る。また、その図表のどの部分に注目してほしいかを明示（赤線、網掛け等で）する。また、「図1の右上の欄をご覧下さい。この欄は「理科が好きだ」と答えた生徒数を示します」のようにその部分の簡単な説明を口頭で述べる。

　同様なことは問題文の説明にも起こる。我々は一般に一度に多くの情報が提示された場合、それを読もうとはしない。したがって、問題文を一度に提示した場合、聴衆は文章があることは認知するが、その内容を読むことは稀である。そのため、問題文をOHPに提示する場合は問題文を読み上げることを薦める。発表者が問題文を読み上げることによって、確実に聴衆はその問題文を読むことができる。

　このような方法をとる場合、当然、すべての図表、問題文を提示することは不可能である。したがって、代表的な1、2を提示するにとどめなければならない。例えば、1つの設問に対しての分析を詳細に説明した後で、「他の9つの問題に関して同様な分析を行ったところ、10問中9問において効果が見られました」と要約して述べる。また、問題文に関しては、1つの問題を比較的丁寧に説明した後、「同様な問題を7つ加え、全8つの問題で構成されております」と説明する。

表の提示方法に関して1つ注意したい。例えば、以下の表は、統制群と実験群の文章再生率の結果を示したものである。

表31 統制群と実験群の文章再生率のカテゴリー別比較

文章のカテゴリー	統制群		実験群		χ^2値
	実人数	百分率	実人数	百分率	
重りの重さが400g重である	56	62.2	92	62.6	0.00
真下に引いている	11	12.2	43	29.3	9.2*
A、Bにかかる力を求める	51	56.7	113	76.9	10.7*
作図して求める	14	15.6	75	51.0	29.9*
100g重を1cmとする	45	50.0	74	50.3	0.00
補助線は消さない	17	18.9	59	40.1	11.6*

* $P<.05$

しかし、このような表は口頭発表では不適当である。すなわち、各欄の一つひとつの数値が問題ではなく、全6カテゴリーの過半数のカテゴリーにおいて両者に差が見られたことを主張することを目的とするならば、以下のような表記の方が適切である。

表32 統制群と実験群の文章再生率のカテゴリー別比較

統計的に差があったカテゴリー	統計的に差のなかったカテゴリー
4	2

そして、質問を受けた際のために、詳細な表のOHPを用意するか、配付資料に表を表記することが望ましい。

初心者の犯しやすい失敗例は、統計分析のことを長々と説明することである。統計分析を学びはじめの人は、そのことがうれしくてうれしくて、長々説明する傾向がある。また、逆に不安で不安でしょうがない人も、長々説明する傾向がある。教育研究における統計分析は、手段であって目的ではない。したがって、限られた時間の口頭発表においては「○○に統計的に有意な差

がありました」とさらりと述べれば充分である[21]。なお、OHPの欄外に、分析方法、自由度、分析値等の情報を記載して提示し、口頭では何も述べないことも可能である。ただし、統計に関して質問が出たときのために、説明用のOHPを用意することは理に適っている。

実践研究において、授業風景の写真を多数提示する発表がある。授業風景は、その研究の全体的イメージを聴衆に与えるには有効である。しかし、あまり多すぎると（おおむね3つ以上）、重視すべき部分の説明を削ることになる。逆に、重視すべき部分がないから写真で埋めているのではと疑いたくなる発表もある。

最近ではプレゼンテーション用のソフトが普及している。筆者の研究室でも大流行である。そのため、OHPが非常にカラフルになった。しかし、そのソフトが面白くて仕方がないため、不必要な写真や図を入れたがる傾向が見られる。過度になった場合、写真や図は字を読みにくくしてしまう。また、不必要に色を付けたり、字を変形すると読めなくなる場合が多い。

口頭発表の際に、鋭く・厳しい質問を受ける場合がある。特に、統計関係の質問は初心者にとって最も受けたくない質問の一つである。理論物理学において現象を記述するために、ある関数がよく使われているが、その関数が数学的に定式化されていない場合もある。その場合、物理学者のその関数の使い方は、信じられない暴挙のように見る数学者も存在する。しかし、その関数が物理現象をよりよく記述できるならば、物理学者はその関数を使うだろう。統計に限らず、研究手法において何が認められ、何が認められないかは分野によって異なる。他分野の立場に立った、この種の質問に対しては、「この手法は先行研究の○○、また、△△によって採用されており、この研究分野では一般的に認められた手法であります。本研究では、その先行研究に準拠しました」と説明する。もちろん、この説明をするためには、先行研究においてどのような手法が用いられたかを文献調査し、自分自身が用いる

---

21) これは時間的制限のある口頭発表の場合であり、論文においては十全に記載しなければならない。

手法が一般的に認められる方法であることを確認することは必要である。

　質問者の多くは善意の人であり、同時に逆に敵にすると手強い相手でもある。もし、相手の質問が自分の研究において「やっていないこと」「考えてもいなかったこと」に関することならば、下手に弁明をせずに「やっていません」「考えていませんでした」と答えることを薦める。また、相手の質問が理に適っていると感じたときは、率直に「ご意見を参考に研究を深めたいと存じます」と答えることを薦める。

　また、口頭発表の最初に、最終結果を含んだ全体的概要を述べると分かりやすい。例えば「まず、本研究の概要を述べさせていただきます。本研究では、（概要を数分間程度にまとめる、最後に研究の結論を述べる）。それでは詳細を述べさせていただきます」と最初に述べる。このように発表すると全体が見通せるのでわかりやすくなる。複雑・新規な手法を用いている場合は、特に薦められる方法である。

　最後に、授業のうまい現職教員がやりがちであるが、授業と同じように児童・生徒に話しかけるように発表することも問題である。ある程度、授業のように発表することは認められるが、やりすぎると、聴衆は「自分たちを小馬鹿にしているのではないか？」という感想を持つ場合がある。

第7章　全体的な記述上の注意

　以下では、論文記述に関しての全体的に関わる注意を述べたい。なお、木下氏の『理科系の作文技術』（木下　1981）を合わせて読まれることを薦める。

第1節　敬語の使い方

　論文には人格がなく、物と扱うべきである。しかし、このことに徹することは筆者自身も抵抗がある。筆者の大学院（教科教育学を専門とする修士課程）における指導教官（卒論の先生とは違う）は小林学先生である。その小林先生の論文を自身の論文中で引用する際は、「小林（小林　1970）は@@@を明らかにした」というように、呼び捨てにしなければならない。気持ちとしては「小林先生は@@@を明らかにされた」と書きたい。しかし、「@@@を明らかにした」のは小林先生ではなく、小林先生が書かれた論文（すなわち物）であるのだから、それに対して敬語を使うのはおかしい。

　逆の場合もある。例えば、自分自身の論文を引用する場合、「拙稿」「拙著」と書くことは一般的な表現である。しかし、一度、出版したとたん、その論文は個人の論文ではなくなると考えるならば、必ずしも拙稿、拙著と書く必要はない。したがって、「1996年に西川は学年変化があると結論したが、それは明らかに誤りである」と筆者自身（すなわち西川）が書いたとしても何ら問題はない。この場合の「西川」は筆者自身ではなく、筆者が書いた論文（すなわち物）である。

　例外としては、謝辞の部分に「本研究の実施にあたってご協力をいただいた」などの表現は許される。しかし、この場合も「方法」などの本文中は呼

び捨てにして表現することが望ましい。例えば、「本研究の調査対象として3校の中学校のご協力を得た」は「本研究の調査対象は中学校3校である」と方法では表現する。一方、謝辞においては、「本研究を実施するにあたって3校の中学校のご協力を賜った」と表現する。

第2節　口語を使わない

　論文は文語で記述する。しかし、初めて論文を書く人は、口語で記述しがちである。最も目立つのは文末である。代表的な例は「重要です」のような「ですます」調で表現する例である。これは、「重要である」のように「である」調に改める。また、「行いました」は「行った」になおす。その他に以下のような例がある。

　先の敬語とも関わるが、「問題を解いてもらった」は「問題を解かせた」のように命令調に変更する。また、「調査法に問題があると言わざるを得ない」のように回りくどい表現は避け、「調査法に問題がある」と短く言い切る。同様な例としては以下がある。

　　　　　「多いのである」→「多い」
　　　　　「多いといえる」→「多い」
　　　「多いということになる」→「多い」
　　　　「多いことがわかる」→「多い」

　また論文特有の動詞の使用方法もある。例えば、「言った」は「述べた」、「わかった」は「明らかになった」と変更する。その他に代表的な表現は以下の通りである。

　　　　　「なのである」→「である」
　　　「だが」、「けれども」→「しかし」
　　　　　　「大切」→「重要」
　　　　「書いています」→「書いた」

　また、撥音便、ウ音便等の部分は、それが必須であるかを再検討すべきで

ある。過去を示す撥音便以外の多くの場合、音便を使わない方法で記述できる。論文で用いられる言葉遣いは、研究の分野に依存する部分が多い。関連する研究論文を多く読むことによって、適切な言葉の選択ができるようになる。逆に口語で表現した論文は、その論文の筆者が先行研究を読んでいない証拠である。

第3節　表記を統一する

　長い文章の場合、2つ以上の表記が可能な部分が不統一になる場合がある。以下は代表的な例である。これらは、用語的に望ましいものが定まるものもあるが、選択が任意なものも多い。重要なのは、全体を通して統一することである。筆者の用いているワープロソフトの場合、表記の揺らぎを明らかにする機能を持っている。しかし、その機能を用いたとしても完全に統一することはかなり難しい。おそらく本書においても不統一の表現はあると思われる。しかし、できるだけ統一する努力は必要であろう。

『　』と「　」
「一つ」、「二つ」と「1つ」、「2つ」
「第一」、「第二」と「第1」、「第2」
「一人一人」と「一人ひとり」
「従って」と「したがって」
「我が子」、「我が国」と「わが子」、「わが国」
「1ヶ月」と「1カ月」「1か月」
「最も」と「もっとも」
「行う」と「おこなう」
「出来る」と「できる」
「例えば」と「たとえば」
「1才」と「1歳」

第4節　複雑な文章を作らない

　複雑な文章か、否かを判別する簡単な方法は、「。」と「。」との間の「、」が何個あるかで判別できる。ひどい例になると、ページ半分以上が「。」と「。」に囲まれる場合がある。目安としては、「。」と「。」の間の「、」は最大3〜4程度である。できれば、2つまでが望ましい。「、」が多いのは、文章が複文、重文になっていることを意味する。「。」と「。」の間の「、」が3、4個であれば、必然的に単文になる。「、」の数が多い場合、一つの文章を複数の単文に切ればよい。しかし、単純に「、」の数だけで判別できるわけではなく、あくまでも目安である。単文の羅列のため、かえって読みにくくなる場合もある。

　その論文を、声をあげて比較的早口で読むと、複雑な文章を見いだすことができる。複文・重文等の複雑な部分は、声を上げて読むと言いよどむ。同じように、自分自身が「アレ、本当かな？」という部分も言いよどむ。言いよどむ部分があれば、その部分は推敲すべき部分である。

　次に、その論文を1か月ほど見ない。1か月後に読みなおすと、他人の目で自身の論文を読むことができる。再度、声を上げて読み上げ、推敲すべき点を見いだす。

　最後に、複数人に読んでもらう。この際注意しなければならないのは、お願いする人はその研究の関係者以外でなければならない。最終的に論文を読むのは、関係者以外であるから、そのような人々が読みとれる論文でなければならない。

第5節　言い切る努力

「である」と言い切らねばならないのは先に述べた「結論」のみではない。言い切る努力は常に払うべきであろう。筆者の学部（生物学を専門とする学部）での卒業研究で、論文の書き方に関して厳しく指導された。印象的であったのは、卒研レポートを提出した時のことである。その日、1週間かかったレポートを指導教官のA先生（先に述べた小林先生とは違い、学部時代の指導教官である）に提出した。指導教官は、その文章の中に、「思う」「思われる」という言葉が2カ所あることを指摘し、目の前でゴミ箱に捨てた（その当時はワープロがない時代であったので、最初から手書きしなければならない）。そして、「私は君がどう思うかに関して興味はない。私は事実が知りたい」と言われた。それ以降、「思う」という言葉には抵抗をもっている。

教育の場合、理学とは異なり「思う」という言葉を多用しなければならない。しかし、「である」と言い切れる部分でも「思う」と書いている場合も見受けられる。多くの場合、それは著者の良心というより、自信のなさに起因する。教育の場合で、理学と同じように「である」と言い切れることは少ない。しかし、理学における「である」も、ある約束事、また蓋然性の範囲のことで、絶対的な真理ではない。したがって、教育においてもある程度の蓋然性があるとき、「である」と言い切る努力は必要である。少なくとも、「思う」「考えられる」が連続した文章を延々と読まされるのは、読者にとっていい迷惑である。

この場合、著者の独善か、否かの境が曖昧である。両者の違いは、「である」というために、著者自身がどれだけ努力しているかに依存する。

第6節　読んでいただくという気持ち

　卒論（生物学を専門とする学部における）での経験である。指導教官のA先生に卒論レポートを提出した。指導教官はそのレポート中の「○○法によって分析した結果…」の部分を指しながら、「○○法の説明がない」と指摘した。筆者は、「次の行に書いてあります」と説明した。しかし、「先を読んで初めてわかるような文章は書くな、文章は上から下に読むもの」と指摘し、目の前でゴミ箱に捨てられた（先にも述べたが当時はワープロが無い。したがって最初から手書きをすることになる）。

　この経験は鮮烈であるが、筆者自身が他の人の文章を読む機会が多くなるにつれ、指導教官のいわんとすることがわかるようになった。例えば、数ページ前に紹介した図表を説明無しに「表1で示したように」のように説明する場合がある。これは、「○○に関する学年変化を示した表1のように」と加筆すれば、読者も読みやすくなる。

　『アトムの子ら』というＳＦに登場する天才少女達の会話にこんな部分がある。

> 　あまりものを知らない人や、たいして本を読んでいない人だけよ、自分が独創的だと思うのは」とエルシーが言った。「そうね、可能なことはほとんど全部、何千年も前に試みられたし、考えられてしまったんだわ」とステラが賛成した（シラス　1981, 168）。

　筆者が理科教育学を学び始めたとき、コメニウス、ヘルバルト、ペスタロッチ等の教育学の古典を集中的に読んだことがある。その印象は、「何で、こんな当たり前のことで歴史に名を残しているの？」であった。おそらく、その道の専門家からはお叱りを受けるとは思う。たしかに彼らのおかれた時代背景を鑑みれば、彼らは独創的といえよう。しかし、彼らの思ったことが、彼らが最初に気づいたとは、とても信じられない。おそらく、その時代には彼らと同様の主張をしていた人は、世界中に数十人以上はいたのではないだ

ろうか。さらにその数十人も、それぞれの主張の大部分は先人のアイディアであったと考えられる。しかし、コメニウス、ヘルバルト、ペスタロッチ等が、他の数十人と決定的に違う点は、彼らの考えに影響された人が多い点である。具体的には、本を著し、学派を作り、学校を作り、結果として多くの人を動かした点である。

約10年前の学会のシンポジウムでの、当時は中堅であったある大学教官の発言は印象的であった。ソ連は1957年に人類最初の人工衛星（スプートニク1号）の打ち上げに成功した。この事件は「明日にでもソ連のミサイルが宇宙から撃ち込まれるのでは」と、多くのアメリカ人にきわめてショッキングに受け止められた。このアメリカが受けた軍事上の危機感（スプートニクショック）に対応するため、アメリカ政府は軍事技術振興のため一連の政策を施した。戦後の理科現代化運動もその一つである。したがって、理科現代化運動は、スプートニクショックが引き起こしたと考えられていた。

しかし、その大学教官は、理科現代化運動はスプートニクショックによって起こったのではなく、スプートニクショックを利用して理科教育関係者が起こした運動だと言ったのである。つまり、状況を待つのではなく、状況を作り出すことが重要だという主張であった。

研究において独創性は重要である。しかし、その独創性の中には先人の英知が込められていることを謙虚に認める必要があるだろう。また、我々の教育研究は独創性とともに、その研究によって何らかの運動が起こり得たかで評価されるべきであろう。しかし、筆者などが、コメニウス、ヘルバルト、ペスタロッチ等と同じような運動を起こせるわけもない。筆者にできることは、一人でも多くの人に、筆者の考えを伝えることである。そのためには、筆者の考え方をできるだけわかりやすくすることは必要である。

筆者の経験では、論文の難解さ、講義・授業の難解さ、学会発表の難解さには明らかな相関がある。一貫するものを一言で言うと、サービス精神の無さを意味する。分かってもらう努力、共感してもらう努力、これが教育はもとより、研究においても大切なことである。このことを自身の戒めとしたい。

補遺 1
指導教官とのつきあい方

　研究を進める上で、指導教官とどうつきあうかは決定的であろう。幸い、筆者は指導教官に恵まれた。しかし、一方、筆者自身は指導教官として、指導した学生・院生に迷惑をかけたと反省することが多い。そこで筆者自身の反省を込めて、あえて「指導教官とのつきあい方」を補遺としてつけた。

（1）「最低 3 か月間は集中して先行研究を見てほしい」
　大学の教官も人の子であって、空を飛べるわけではない。与えられた時間は等しく 1 日 24 時間である。だまされたと思って、最低 3 か月[22]、できれば半年間、毎日、3 時間以上、自分自身の研究の先行研究・関連研究を読んでほしい。3 か月程度たつと、そのテーマのツボが分かる。狭い範囲内ではあるが、指導教官と研究でほぼ対等な議論が可能となる。例えば、以下のような会話ができるようになる。

指導教官：「○○に関して学年差を検討する必要があるよ」
学　生：「そのことに関しては 1980 年の△△がすでに行っており、学年変化が見られないことが明らかにされております。したがって、その検討は必要ないと思います」
指導教官：「そうだったの」
学　生：「それよりも先生、従来意識されていなかった□□の効果を検討する必要があると思います。1995 年の●●の研究によれば、別な題

---

[22] もちろん、数週間であったとしても、得るものは大きい。重要なのは、その研究課題にドップリつかる時間が必要だということである。

材ですが□□が影響することが明らかにされています。この領域で子ども達が誤解する原因として□□は無視しえないものがあると思います。だから、調査の際は＊＊という段階を挿入すると面白い結果が出そうです」
指導教官：「そんな研究があったっけ。へー。うん、おもしろそうだ、ぜひやってみなさい」

指導教官としても、このような議論が学生・院生とできることが何よりもうれしいことである。

（2）「こまめに相談・報告をする」
　狭い範囲内の研究内容であれば、数か月間の集中的な文献調査である程度の知識や感覚を得ることは可能である。しかし、その研究が他の研究とどのように関連するかを全体的に検討する能力は短期間で得られるものではない。また、その研究テーマがものになるか、ならぬかという感覚は長年の経験によって培われる。この部分は教官に絶対頼らなければならない。そのため、自分が「これからやりたいこと」「現在やっていること」を、こまめに相談・報告することは重要である。独りよがりで進めて、あとでものにならなかったでは話にならない。

　その際は、必ず文章化したレポートを携えながら相談・報告をする事を勧める。自分自身の考えが、かなりいい加減であっても言葉ではしゃべれる。しかし、文章化すると、自分自身の考えの曖昧な点が意識できる。曖昧な部分がある場合は、どこが曖昧であるかを明記し、指導教官と相談することを勧める。

　このレポートの量は、おおむねB4で1枚程度が望ましい。限られた時間でお互いに理解し合える量としては、その程度がちょうど良い。避けるべきは、生データの束や、コンピュータの分析出力の束である。先の「読んでいただくという気持ち」を再読していただきたい。

　ちなみに筆者が修士の時は、「本研究の目的」「今までの経過」「今回行っ

たこと」「結果のまとめ」「今後の予定」のそれぞれの項目をたてた B4 で 1 枚のレポートを毎週用意し、指導教官と面談した。

　ただし、その 1 ページが書けない場合もある。そんなときは指導教官の研究室の敷居がとてつもなく高く感じるだろう。しかし、指導教官として、一番困るのは顔を出さないことである。顔を出さない期間が長くなればなるほど、敷居がさらに高くなってしまう。こうなると悪循環に陥ってしまう。

　目安としては、最低でも 1 週間に一度、顔を出してほしい。書けなければ、率直に「先生、お手上げです、助けて下さい」と言えばいい。怠けていたならば、「怠けていました、何も進歩がありません」と言って、ペコッと頭を下げればいい。それだけのことである。

（3）「報告、相談の最初に前回の話の内容を説明する」

　筆者自身も毎年 10 人以上の卒研・修士論文指導を行う。その一人ひとりが異なったテーマを持っている。したがって、「先生、この前言われたことをやってきました」と言われても、以前になんと言ったか思い出せないことも多い。ましてや何も言わずにレポートを出された場合、「これこれのレポートを出しなさい」と自分自身が言ったことすら忘れていることもある。

　ひどいときには、筆者自身が「これこれのレポートを出しなさい」と指導したために一生懸命になってまとめた院生・学生に対して、「何でこんな分析をしたんだ」「こんな分析で何がわかる！」などと注意することがある。「先生がやれっておっしゃったんですよ」と逆に注意され、赤面することも多い。しかし、そう言える院生・学生はよいが、言えずにじっと床を見つめる院生・学生も多い。「だって先生がこうやれって言ったのに！」と心の中で憤慨することも多いだろう（すみません）。

　これを避ける方法は、前回どのような話し合いがあり、どのような指示を受けたかを、指導教官に簡単に説明することである。この説明によって指導教官も、どのような意図でそのレポートを書くよう指示したかを思い出せる。

（4）「指導教官と雑談しよう」

　上記の報告や相談はフォーマルな報告や相談である。フォーマルな場では、指導教官はフォーマルに対応する。このような報告や相談では、ある程度、定式化された手法、手続きを話し合うことができる。しかし、新たなアイディアが出るのは、多くの場合、フォーマルな場面ではなく、インフォーマルな雑談の場である。

　最も簡単な方法は、暇なときは研究室（実験室・控え室等）にいるようにすることである。そんなときに、ふらっと指導教官が来たときが大事な機会である。お茶を飲みながら研究の相談をすると、適切なアドバイスを受けることがある。筆者自身の経験から弁明するならば、指導教官はアドバイスすることをケチっているわけではない。雑談の中で、学生・院生の抱えている問題を理解したり、今まで思いつかなかったアイディアがわくのである。

　また、研究室に学生・院生が集まれば自然と雑談となる。同じ研究室仲間で研究の相談をすると、指導教官以上のアドバイスをもらえることが多い。少なくとも、指導教官の悪口を言い合うだけでも、研究室全体の精神安定の役に立つ。

　筆者の研究室の場合、ふらっと行くと、必ず漫画を見ているか、コンピュータゲームやインターネットをやっている学生が数人いる。本人は、「研究の合間に、ちょっとやっているんです」と言っているが、せめて「遊びの合間に、研究をやってくれればいいのだが」と願うのみである。

（5）「はやくしろ！」には理由がある

　多くの学生にとって卒業研究は、生涯で最初の本格的な研究である。そのため、3年生（または4年生）で研究室に所属し、最終的に論文を提出するまでの1～2年間に、どのようなことが起こり、また、どのようなことをしなければならないかは分からない。結果として、長期の見通しを持った研究計画を立てることは困難である。

　例えば、4年生の4月の段階で、あと1年あると考えている学生さんがいる。しかし、論文提出が1年後の3月31日である大学は皆無であろう。ち

なみに、上越教育大学の多くのコースにおいて、卒業論文・修士論文の提出期限は1月中に設定されている。

　学生がそれまでに課されたレポート類はせいぜい1、2週間以内に書けるものが多いだろう。しかし、卒業研究論文や修士論文の場合、純粋に書く作業だけで最低1か月はかかる。推敲を含めれば、最低2か月程度はかかる。年末・年始の状況を考えれば、遅くとも11月には書き始めなければならない。したがって、書くための基礎的データは、それ以前に収集し終わっていなければならない。

　学生の場合は、7、8月の夏休みは就職に関わる試験・面接が集中し、5、6月は受験勉強・面接準備に明け暮れる。以上を勘案するならば、4年生の4月以降の1年間で、研究（論文執筆以外の作業）に純粋に費やせるのは、3か月（4月、9月、10月）程度となる。いかに切迫しているか理解していただきたい。

　上越教育大学の理科コースでは3年生（実質は2年生の12月）から研究室に所属する。そして3年生段階で基礎的データを一部（または大部分）を収集することによって、2年間をかけて論文を作成する。しかし、卒業研究が1年間の大学もある。また、現職再教育を行っている教育センター等においては数か月から半年程度の研修も多い。したがって、上記に述べた研究経過は、必ずしも一般的ではない。

　指導教官は、その学生がおかれた状況で、最善の研究経過を考えなければならない。指導教官は、毎年、何人もの学生を指導しているため、何月までには何をしなければならないということを、実体験で理解している。ところが、経験していない学生の場合、単純にカレンダーで理解し、4年生の4月の段階であと1年間あると考えてしまう。そのため、指導教官から「はやくしろ！はやくやれ！」と言われると、「何でそんなに焦らせるんだ！」という気持ちも起こるだろう。しかし、上記の理由で心ならずも「はやくしろ！」と言っているのである。

（6）「夢にかけよう！」

　研究と「お勉強」の大きな違いは、お勉強はすでに誰かが明らかにしたことを学ぶことであり、研究は誰も知らないことを明らかにすることである。指導教官も、研究がどうなるか完全に分かるわけはない。指導教官は、「絶対に出せる結果」と「出るかでないか予想がつかないが、出たら、画期的な結果」の二つを予想して指導している。前者の「絶対に出せる結果」で、論文は最低限書ける。しかし、後者の「出るかでないか予想がつかないが、出たら、画期的な結果」は、やってみたらだめだったということは、よくある。研究に費やした労力が、そのまま100％、論文に反映するとは限らない。何か月もかけて出した結果を、論文の中に1ページも書けないということもある。それに関してはぜひ理解してほしい。むしろ、「できたらすごい！」という夢を主体的に考え、指導教官を洗脳するぐらいの意気込みで研究しなければならない。「でたらすごい！」という夢に賭けてほしい。

（7）「指導教官を説得する」

　こまめに相談・報告したとき、指導教官が直ちに理解し、同意するとは限らない。「それじゃ分からない」「そんなことでは研究はまとめられない」「その方法では必ず失敗するよ」などと言われる場合もある。その場合、「何で分かってくれないんだ」と憤慨することもあるだろう。何度も述べたように、指導教官も誤る。しかし「指導教官の馬鹿野郎！」と心の中で怒鳴っても精神衛生上好ましくないし、第一に、その問題は解決しない。

　問題を解決するために、もしかしたら指導教官の方が正しいかもしれないと考えてみるのもひとつの方法である。指導教官の高圧的・断定的（？）としか聞こえない言葉を、きわめて好意的に解釈してみるのである。先に述べたように「その研究が他の研究とどのように関連するかを全体的に検討する能力」及び「その研究テーマがものになるか、ならぬかという感覚」は指導教官には及ばない。一度、謙虚に再考してほしい。

　ただし、先に述べたように指導教官も間違うことも確かである。あなたの言っている方が妥当な場合も多いだろう。絶対に自分の方が正しく、かつ、

指導教官が理解できないのは信じられないと思う場合、自分の同級生、同僚に指導教官と同様な説明をすることを勧める。

　もし、その人達が遠慮がちに首を傾げたり、必ずしも良い反応がなかった場合、指導教官よりも自分の方がおかしいのではと再考することをすすめる。その人に分かってもらえるよう、説明をしながら、どこの部分がわかりにくいのか、誤解されやすいのかを教えてもらう。また、どんな点に自分の見落としがあるかを考える。ただし、その際に注意がある。聞いてもらっている人に対して、なんで「こんなこと分からないんだ！」と責めることは厳禁である。一度、そうするとそれ以降、率直な意見をもらえなくなる。

　逆に、同級生、同僚が心からうなずく場合は、どうやったら指導教官を説得できるか相談することを勧める。自分が行った説明に対して、指導教官がどのように反応したかを説明する。当事者とは異なって、冷静に分析し、指導教官がなぜそのように言ったか（または解釈したか）を予想できる場合も多い。

　本書で繰り返し述べたように、「研究とはある人が感じて（信じて）いるものを、他の人（より多くの人）に感じて（信じて）もらうこと」であることを思い出してほしい。自分以外にその研究に関して、最も理解し、かつ成功することを望んでいる人は指導教官に他ならない。もし、指導教官を説得できないとしたら、他の誰が説得されるのであろうか。そしてみんなが説得されない研究には価値は無い。ぜひ、指導教官を説得してほしい。指導教官も説得されたがっているのである。

（8）「最後に」
「高校生までは、勉強したくない人も教えてもらえる。大学生は、勉強したい人は教えてもらえる。逆に言えば、勉強したくない人は何も教えてもらえない。大学院生は、勉強したい人も教えてもらえない。自らがすべてを勝ち取らねばならない」と筆者は教えられた。

　高校の微分・積分しか学んでいない大学生に、最初の講義の開口一番、「僕は君らのレベルに下がるつもりはありません、君らが僕のレベルまで登っ

て下さい」と一言述べた後、まったくちんぷんかんぷんの微分方程式を黒板全面に書きまくった先生。また、助詞・助動詞以外の名詞、形容詞、動詞等はすべて英語（一部はドイツ語）で喋り、黒板には英語とドイツ語のみを書かれる先生。「大学って、えらいところだな！」というのが筆者の大学教育に対する第一印象であった。高校生の感覚で大学の指導教官を見たり、大学生の感覚で大学院の指導教官を見たならば、「何て不親切なんだ！」と感じることもあるだろう。しかし、それだけ大人として扱われている証拠だと考えれば、腹も立たないのではないだろうか。

　指導教官とは、卒業研究、修士論文作成等が終わるまでは、別れられない夫婦（恋人）のようなものである。夫婦（恋人）関係においても、自分が一方的に主張し続けていたならば、結局、大喧嘩になってしまう。逆に、どんなことがあっても相手に従おうと堅く心に誓ったとしても、人間、そんなに忍耐強くない。いつか我慢ができなくなる。結局、相手に大喧嘩をふっかけることになる。主張し続けるのも、我慢し続けるのも、よい方法ではない。

　別れられないならば、基本的に相手の意図を善意に解釈する。そして、相手を認めながら、穏やかに話し合い、折り合いを付けてつきあうほかない。少なくとも、喧嘩別れをした場合、互いに不利益を生じる[23]。指導教官も人の子、誤ることも多い。しかし、なんとかよき研究をと願わぬ指導教官はいないだろう。少なくとも、その点は信じあって１〜数年の年数を過ごし合いたいものである。たいていの場合は、ぶつかることがあっても、最後は、「がんばったね」「ありがとうございました」で終わるものである。

---

[23]　特に、学生・院生には決定的になることもある。

補遺2
大学院で教育研究を行いたい人(特に現職教員)のためのメモ

第1節 大学院で何ができるか

(1) 最新の学問を学べる

学問は常に進歩(少なくとも変化)している。例えば、筆者が専門としている理科教育学では、筆者が大学院生だったときは「探求学習」「発見学習」「問題解決学習」などの学習論や、アンケート調査を主とした概念研究が盛んであった。しかし、現在までに、「認知的アプローチ」「構成主義」「社会的構成主義」「質的研究」などの新たな研究が生まれた。

このような新たな諸研究から見たとき、現在問題となっている、「理科離れ、算数離れ、国語離れ等の知離れ」や「総合学習」「環境学習」を従来とはまったく異なった視点で見ることが可能となる。理科以外の各科教科教育学・諸教育学・心理学では、それぞれにおいて独自性のある新たな研究が生まれている。

このような新たな研究に関する、比較的読みやすい本も最近では増えている。しかし、本当にそれを体得するには、実際にその研究を行っている集団の中に入り、自ら研究をしつつ、同様の研究を行っている先輩、同輩、後輩、教師と議論(雑談を含めて)しなければならない[24]。大学院はそのような機会を与える。

---

24) 実はこの考え方自体が「社会的構成主義」の一つの考え方である。

（2） 時間をかけて学べる

　現場においては、明日の教材研究、今日起こったことに対する生徒指導などの連続である。一方、大学においては、かけようと思えば、1日かけて一つのことに打ち込める。さらに、それを数か月続けることができる。

　例えば、読みたかった研究・実践書を数十冊読んだり、1か月かけて教具を作成することが可能となる。また、筆者の研究室では、一時間の授業中に話されるすべての生徒の呟きをテープレコーダーやビデオで記録し、分析する。それを数か月にわたって行う。この分析を通して、目立たない子ども達（圧倒的大多数）が、何を考え・行動しているかを知りたいと願っている。しかし、1時間の記録を起こすには最低1時間以上かかる。クラスが30人であるならば、かかる時間は30倍となる。これは現場の授業研究では絶対に不可能である。

（3） いろいろな人に会える

　現場においてもさまざまな年齢の人と職場が一緒になる。しかし、その中では中堅／若手、先輩／後輩というしがらみがつきまとう。大学の研究室では20才から40才の学生・院生が、職場のしがらみ無く、ざっくばらんに話すことができる。

　学校現場にいるときは、学校種（小学校、中学校、高等学校）の異なる人と触れあうことは希である。各学校種で学ぶ児童・生徒の発達はさまざまである。また、受験の影響の度合い、生徒指導（例えば退学の有無）なども、各学校種では異なる。さらに、比較的狭い地域内で人事が行われることも多い。異なった年齢・職場・地域の人と触れあうことによって、自分自身が常識としていた「しきたり」の異常さや、逆に、その重要性をもう一度考え直すことができる。

　この、いろいろな人と会えるという利点は、入学以前に意識されることは少ない。しかし、入学後の現職院生に聞くと、大学院入学によって得た大きな財産としてとらえられている。

（4） 研究は楽しい

世の中には「源氏物語に"あ"という文字が何個あるか」「アリが歩き出すとき右足から出すか、左足から出すか[25]」など、専門外の人間にはまったく理解できないような研究をしている人も存在する。そのような研究を行う理由は、他者は理解できなくとも、本人は楽しいからである。振り返ってみれば、親からはゴミにしか見えない物を、必死になって集めた経験は誰しもあるのではないか。熱中したことは面白くなるものである。まして、現在、日々行っている教育に関して研究して面白くないわけがない。

「自分自身も"研究"については、かなりの不安を持っていました。でも、実際にやってみると、意外と？　面白いということに後になって気付いた一人です。このことは経験してみないとわからないことですよね」。

これは、現在ある県の教育センターで指導している、本学のOBから来た電子メールの一節である。

第2節　大学院で不安なこと

（1）　大学院でついていけるだろうか？

大学院は大学学部以上に専門的になる。そのため、「教育実践の中にドップリとつかり、学部で学んだことを忘れてしまった自分に、研究ができるのか？」という不安は多くの受験希望者にある。さらに、入学する以前に「英語をまったく忘れてしまったが、大学院入試に合格することができるのか？」という不安も同様である。

しかし、学部で学んだものや英語を忘れてしまった教員はあなた一人ではない。さらに、忘れる一方で、現場実践で学び取ったことも多いはずである。その現場実践で学んだものを試験で評価し、研究で生かせる大学院（または研究室）も多い。

---

[25] この二つは、あくまでも極端な例で本当にあるかどうか分からないが。

（2） 家族との生活は？

　大学院も2年間研究に集中できる大学（筆者の所属する上越教育大学や、兵庫教育大学、鳴門教育大学等が含まれる）の他に、1年間は大学院で研究し、1年は現場学校での実践と平行しながら研究を進める大学（地元大学教育系学部）の2種類が存在している。前者の場合、地元から離れているため大学付近の学生寮（またはアパート）で生活しなければならず、生活環境の激変は免れない。しかし、上記の大学には世帯寮も完備されている。さらに、子どもが小さいうちに違った地域で育てたいという、生活の変化自体を目的にして大学院に進学する院生も多い。さらに、子宝に長年恵まれなかったが、大学院在学中に恵まれたという院生が、筆者の周りだけでも数人いる。これも生活の変化の正の効果といえよう。また、世帯院生も多い関係で、地域の小・中学校の児童・生徒に占める転校者の割合も多く、教師・在校生も転校生に慣れている。

　上記の三大学は単身者に対する個室学生寮も完備されている。さらに、三大学とも高速道路に近く、金曜日に帰省し月曜日に大学に帰る単身院生も多い。

　一方、地元大学の場合、2年目は平常に学校での校務をこなしながら、研究を続けなければならない。しかし、通学できる範囲であるならば、遠方赴任に関する経済的負担は無い。むしろ、大学院進学によって家族との時間も増やすことも可能である。

　現場学校の中には、帰宅時間が定常的に勤務時間を大幅に超える学校も多い。また、運動部顧問の教師の場合、休日の確保もままならない。部活動が盛んな学校の場合、休日がほとんどないという場合もある。しかし、大学院は完全週休二日制である。夏休みも学会以外の時は拘束されない。そのため大学院進学の機会を利用して子どもとのふれあいの時間を確保し、念願の夏休みの家族旅行をすることもできる。

第3節　どんなことをすればいいか？

　残念ながら、大学院の情報は現場にはほとんど流れていないのが現状である。現職教員が大学院に派遣されるシステムがあること自体を知らない教員が多い。しかし、現実には<u>すべての都道府県</u>には大学院派遣制度が存在している。ぜひ、校長・教育事務所等に問い合わせてほしい。

　その大学でどのような研究が行われ、どのような生活環境なのかに対する情報も少ないのが現状である。しかし、各大学に問い合わせることによって、詳細な資料を得ることは可能である。さらに、多くの大学においてはインターネット上のホームページに情報が公開されている。各大学における修士論文の一覧は、先に述べたように「教科教育学に関する研究総目録」等の書誌に整理されている。図書館の司書に相談することを勧める。

　また、それなりのステップを経て調べれば、実際に大学院で研究した教員を身近で見つけられる。そのようなOBの生の声をできるだけ多く聞くことによって、研究や生活に関する不安も払拭されるだろう。

　さらに、受験以前に所属希望する研究室の教官へ連絡を取ることを勧める。大学院合格後に、研究室所属を決めることができるという誤解を持つ受験生も多い。確かに、そのような大学院も存在する。しかし、基本的に合否判定の段階で研究室の所属が決定される大学院も存在する。したがって、所属希望が曖昧な場合は、必ずしも希望しない研究室に配属され、結果として必ずしも希望しない研究をすることとなる。

　事前に面談を行うことによって、その研究室で研究できるテーマ群の説明を受け、自分自身の希望テーマとすりあわすことが可能かを確かめることを勧める。複数の教官に面談をし、そのなかから所属希望の研究室を選択することは望ましいことである。けっして失礼なことではない。

　筆者の周りの院生（現職者）に、「なぜ、事前に面談しなかったの？」と聞いたところ、「事前に面談することは不正受験になると思った」という答えが多い。しかし、大学院は専門性のきわめて高い研究が中心となる。その

補遺2　大学院で教育研究を行いたい人（特に現職教員）のためのメモ　153

ため受験生は、一般的な能力のみで判断されない。きわめて狭い範囲内ではあるが、その領域に対する極めて高い能力の有無が判断材料となる。このような能力の有無は、不特定多数を対象とする入学試験では判断することが困難である。また、受験生の希望する研究の専門性が高い場合、受験する大学院で希望する研究を行うことが不可能な場合もある。そのため、学部入試とは異なり、入学前に希望する教官と面談することは一般的なことである。けっして不正ではない。各教官はその面談を通して、受験者が希望する研究が自身の研究室で実現できるか、またその受験生に自身の研究室で求められている能力があるかを確認する。それらの面談の結果及び入学試験の結果を総合的に判断され、合否決定が行われる。

　ただし、先に述べたように、そこで問題となる専門性は研究室毎によって異なる。英語などの外国語や、以前に学部で学んだ諸学ではなく、現場で学び取った多種多様な実践能力を重視する研究室も多い。

　2年間の研究生活を意味あるものにするか、否かは、所属する研究室との相性が重要なポイントである。ぜひ、事前に面談することを勧める。面談の申し込みの方法は、電話でも、手紙でも、電子メールでも可能である。各教官の電話番号、電子メールアドレス等に関しては、大学事務に事情を話せば知ることが出来る。そのような連絡に対して、多くの教官は、誠意を持って対応する。

　都道府県における選抜によって、大学院に派遣されることが決まってから、慌てて資料を取り寄せる受験希望者が多いのが事実である。しかし、なるべく早く調べ始めることを勧める。まず具体的な行動をすることは、夢を実現する第一歩である。

第4節　役に立たない！

　大学での研究は実践とはイコールではない。したがって、「大学の研究が、即、実践に役に立つか？」と問われることが多いことは、筆者自身、大学における研究者の一人として反省すべき点も多いのが事実である。しかし、教育研究と現場実践との関連を深めなければならないのは昔から同じである。教育実践者から「学者先生のお遊び」とは言われない研究成果が、現在、少なからず生まれつつある。さらに現在では、現場実践と明確に関連づけられない教育研究は、衰退していく傾向は顕著である。そのため、多くの大学において、現場実践と教育研究を融合させ、互いに高めようと必死になっている。ただし、不十分であることも確かである。

　しかし、本書でも述べたように不十分だからこそ、研究する余地がある。現場実践者によって、画期的な研究が行われ、教育研究の新たな地平が開かれることが望まれている。

　だからこそ、一緒に研究しましょう！

文　献

芦場波久：実験観察教具、東京書籍、1977
エマーソン：方法としてのフィールドノート、新曜社、1998
Ericsson, K.A. & Simon, H.: *Protocol analysis-Verbal reports as data*, MIT Press, 1984
長谷河初男：小学生の電気回路製作過程に見られるストラテジーに関する研究、上越教育大学修士論文、1991
Hess, E.H.: Attitude and pupil size, *Scientific American*, 4, 46-54, 1965
平山満義（編集）：質的研究による授業研究、北大路書房、1997
石村貞夫：すぐわかる統計解析、東京図書、1993
石村貞夫：すぐわかる統計処理、東京図書、1994
石村貞夫：すぐ分かる統計処理の選び方、東京図書、2010
石村貞夫：SPSS でやさしく学ぶアンケート処理、東京図書、2015a
石村貞夫：SPSS でやさしく学ぶアンケート処理、東京図書、2015b
石村貞夫：SPSS でやさしく学ぶ統計解析（第 6 版）、東京図書、2017
岩原信九郎：新しい教育・心理統計　ノンパラメトリック法、日本文化科学社、1955
岩原信九郎：新訂版、教育と心理のための推計学、1965
北沢毅・古賀正義：〈社会〉を読み解く技法、福村出版、1997
木下是雄：理科系の作文技術、中公新書、1981
久保田賢一：質的研究の評価基準に関する一考察、パラダイム論から見た研究評価の視点、日本教育工学雑誌、21、163-173、1997
栗田一良：新理科教材研究の理論と方法、明治図書、1981
松原治郎（編集）：教育調査法、有斐閣、1985
松本勝信：理科における観察・実験の場の構成（Ⅳ）、観察活動に伴う脈波変化と呼吸曲線変化の多変量解析（4）、日本教科教育学会誌、5（2）、13-18、1980a
松本勝信：理科における実験・観察の場の構成（Ⅴ）、同一性・差違性認知に伴う脳波・脈波の多変量解析、日本教科教育学会誌、5（3）、13-18、1980b
松本伸示：理科番組視聴に伴う認識活動と脳波、日本教科教育学会誌、9（2）、47-54、1984
Moyer, R.S., Bayer, R.H.: Mental comparison and the symbolic distance effect, *Cognitive Psychology*, 8, 228-246, 1976
村井護安：皮膚電気活動からみた理科授業分析、日本教科教育学会誌、13（3・4）、15-22、1989
村井護安：皮膚抵抗反応による授業評価の可能性について、日本教科教育学会誌、14（3）、

61-68、1990

村井護安：皮膚抵抗反応からみた教授行動方略について、日本教科教育学会誌、15（2）、25-32、1992

西川純、加藤竜男：象徴的距離効果を用いた関心・意欲の測定についての研究、理科を事例として、日本教科教育学会誌、20、55-60、1997

西川純、畑内誠二：相対瞳孔直径差を用いた科学番組への興味・関心の測定の試み、科学教育研究、22、42-46、1998

大村平：改訂版　統計のはなし、日科技連出版社、2005

大村平：改訂版　統計解析のはなし、日科技連出版社、2006

佐藤郁哉：フィールドワーク、書を持って街に出よう、新曜社、1992

佐藤敏彦、小西宏明：Macintosh for Expert StatView 4.0、BNN、1994

シラス、W、アトムの子ら、早川文庫、1981

新村秀一：パソコン楽々統計学、グラフで見るデータ解析、ブルーバックス B-1198、講談社、1997

シンダーマン、J.S：サイエンティストゲーム、学会出版センター、1987

諏訪茂樹：援助者のためのコミュニケーションと人間関係、健帛社、1994

田中敏、山際勇一郎：新訂　ユーザーのための教育・心理統計と実験計画法、教育出版、1992

田中敏：改訂版　実践心理データ解析、新曜社、2006

■ 著者紹介

西川　純　（にしかわ　じゅん）

1959 年　東京生まれ
1982 年　筑波大学第二学群生物学類卒業
1984 年　筑波大学教育研究科修了（教育学修士）
1985 年　都立高校教諭
1989 年　上越教育大学助手
1990 年　「生物・地学教師と大学生の巨視的時間概念の研究」
　　　　　科学教育研究奨励賞（日本科学教育学会）
1993 年　「巨視的時間概念の発達と指導法の研究」平成 5 年度
　　　　　表彰（（財）日本教育研究連合会）
1995 年　上越教育大学助教授
1998 年　研究奨励賞（日本理科教育学会）
2000 年　学会賞（日本理科教育学会）
2002 年　上越教育大学　大学院学校教育研究科　教授
2003 年　博士（学校教育学）　兵庫教育大学連合博士課程

理科を学ぶ学習者の認知分析、特に巨視的時間概念の形成過程と指導法の研究を専門としている。最近は、学習者の学び合いの過程に関する研究を行っている。
E-mail:jun@iamjun.com
URL: https://jun24kawa.jimdo.com/

第 3 版　実証的教育研究の技法
── これでできる教育研究 ──

1999 年　1 月 10 日　初　版第 1 刷発行
2000 年　3 月 20 日　第 2 版第 1 刷発行
2019 年　4 月 30 日　第 3 版第 1 刷発行
2020 年 11 月 30 日　第 3 版第 2 刷発行
2023 年　1 月 20 日　第 3 版第 3 刷発行

■ 著　　者 ── 西川　純
■ 発 行 者 ── 佐藤　守
■ 発 行 所 ── 株式会社　大学教育出版
　　　　　　　〒700-0953　岡山市南区西市 855-4
　　　　　　　電話（086）244-1268　FAX（086）246-0294
■ 印刷製本 ── モリモト印刷㈱

© Jun Nishikawa 1999, Printed in Japan
検印省略　　落丁・乱丁本はお取り替えいたします。
本書のコピー・スキャン・デジタル化等の無断複製は著作権法上での例外を除き禁じられています。本書を代行業者等の第三者に依頼してスキャンやデジタル化することは、たとえ個人や家庭内での利用でも著作権法違反です。
ISBN978-4-86692-034-4